Anthony de Mello

Daß ich sehe

Meditation des Lebens

Herder

Freiburg · Basel · Wien

Titel der englischen Originalausgabe:
Wellsprings. A book of spiritual exercises
Erschienen bei Gujarat Sahitya Prakash, Anand, Indien 1984
© Anthony de Mello S.J. 1984

Übersetzt von Mathilde Wieman OSB, Kellenried

Umschlagbild: Glasfenster von Wilhelm Buschulte
Ausführung: Werkstätten für Glasmalerei
Dr. H. Oidtmann, Linnich

© Verlag Herder Freiburg im Breisgau 1985
Herstellung: Freiburger Graphische Betriebe 1985
ISBN 3-451-20254-9

Inhalt

Christus

Leben

Liebe

Schweigen

Obgleich auf den folgenden Seiten
Jesus Christus
oft erwähnt wird
und der Autor sich zu ihm bekennt,
ist dieses Buch für Menschen
der verschiedensten spirituellen
Ausrichtungen – religiösen, areligiösen,
agnostischen, atheistischen –
gedacht.

Hinführung

Diese Übungen haben eine Kraft, die beim bloßen Lesen nicht erfahrbar wird. Man muß sie machen. Das gilt für fast jeden Satz bei einer Übung. Was beim Lesen oft wie eine nichtssagende Aneinanderreihung von Wörtern aussieht, kann sich ganz überraschend als Eingangstor zur Erleuchtung erweisen, wenn es getan wird.

Bei Gruppenübungen liest der Leiter mit häufigen Pausen laut vor. Aber jeder Teilnehmer der Gruppe muß seinem eigenen inneren Rhythmus und nicht dem des Leiters folgen. Mit anderen Worten: er muß fühlen, daß es ihm freisteht zurückzubleiben, während der Leiter weiterliest; ja, er kann dessen Worte sogar völlig überhören, wenn er von etwas ergriffen wird, was ihn anspricht und zum Verweilen einlädt.

Wenn man die Übung allein hält, ist es am besten, sie aufmerksam zu lesen, das Buch dann beiseite zu legen und soviel davon zu tun, wie man behalten hat. Es führt nur zur Zerstreuung, wenn man das Buch immer wieder zur Hand nimmt. Man braucht eine Übung nicht ganz durchzumachen. Man kann sich einen Teil daraus wählen, wenn man entweder keine Zeit für mehr hat, oder wenn der Teil sich als so ergiebig erweist, daß man gar kein Verlangen verspürt, zu etwas anderem überzugehen.

Es ist ratsam, eine Übung mehrmals zu wiederholen, denn durch die Wiederholung stößt man in größere Tiefen vor; oder man durchbricht die äußere Kruste einer Übung, die beim ersten Versuch widerspenstig und unnachgiebig zu sein schien.

Im Verlauf einer Übung, allein oder in einer Gruppe,

merkt man zuweilen, daß Schreiben eine gute Hilfe sein kann, um den trägen Geist anzuspornen, oder um sich besser zu konzentrieren, wenn man zerstreut ist. Dabei muß man aber immer im Auge behalten, daß Schreiben wie eine Sprungschanze ist, von der man sofort abspringen muß, sobald man den Boden unter den Füßen verliert.

Bevor man mit einer Übung beginnt, sollte man sich immer etwas Zeit nehmen, um sich darauf einzustimmen, daß man diese Übung nicht für sich allein unternimmt, sondern zum Wohl der ganzen Schöpfung, von der der Mensch ein Teil ist, und daß jede Veränderung, die sich in ihm vollzieht, der ganzen Welt zugutekommt. Man wird oft mit Erstaunen sehen, was für ein Unterschied es ist, wenn man bewußt diese Haltung einnimmt.

Dieses Buch hat die Absicht, vom Verstand zum Gemüt zu führen, vom Denken zur Vorstellungskraft und zum Gefühl, dann hoffentlich durch Gefühl, Vorstellungskraft und Gemüt hindurch zum Schweigen. Man sollte es als eine Treppe benützen, die auf die Terrasse führt. Oben angekommen, muß man unbedingt die Stufen verlassen, sonst sieht man nicht den Himmel.

Wenn du einmal zum Schweigen gekommen bist, wird dieses Buch für dich entbehrlich sein.

Anfang

Der Abschluß

Ich stelle mir vor, daß ich heute sterben muß.

Ich erbitte mir Zeit zum Alleinsein, damit ich für meine
Freunde eine Art Testament aufsetzen kann, für das die
folgenden Punkte als Überschriften über die einzelnen
Abschnitte dienen könnten.

1. Diese Dinge habe ich im Leben geliebt:
   Dinge, die ich schmeckte ...
   die ich anschaute ...
   roch ...
   hörte ...
   berührte ...

2. Diese Erfahrungen waren mir teuer ...

3. Diese Gedanken haben mich befreit ...

4. Diese Anschauungen habe ich überwunden ...

5. Aus diesen Überzeugungen habe ich gelebt ...

6. Für diese Dinge habe ich gelebt ...

7. Diese Einsichten habe ich in der Schule des Lebens
   gewonnen:
   Erkenntnisse über Gott,
   die Welt,
   die menschliche Natur,
   Jesus Christus,
   Liebe,
   Religion,
   Gebet ...

8. Diese Risiken habe ich auf mich genommen …
   Diesen Gefahren habe ich getrotzt …

9. Diese Leiden haben mich gestählt …

10. Diese Lehren hat das Leben mir erteilt …

11. Diese Einflüsse haben mein Leben geprägt
    (Menschen, Tätigkeiten, Bücher, Ereignisse …)

12. Diese Bibelworte haben meinen Weg erhellt …

13. Diese Dinge aus meinem Leben bereue ich …

14. Dies habe ich in meinem Leben erreicht …

15. Diese Menschen sind meinem Herzen nahe …

16. Dies sind meine unerfüllten Wünsche …

Ich wähle mir einen Schluß für dieses Dokument:
ein Gedicht – von mir selbst oder von einem anderen …
oder ein Gebet;
eine Zeichnung
oder ein Bild aus einer Zeitschrift;
ein Schriftwort
oder irgend etwas, was mir ein passender Abschluß für
mein Testament zu sein scheint.

Die Freizeit

Ich stelle mir vor, daß ich mich an einen einsamen
Ort zurückziehe,
um mir die Wohltat des Alleinseins zu gönnen,
denn Einsamkeit ist eine Zeit,
in der ich die Dinge sehe, wie sie sind.

Was sind die kleinen Dinge im Leben,
die aus Mangel an Einsamkeit so ungehörig
    aufgebauscht werden?

Was sind die wirklich großen Dinge,
für die ich zu wenig Zeit finde?

Einsamkeit ist die Zeit, um Entschlüsse zu fassen.
Welche Entschlüsse muß ich
an diesem Wendepunkt meines Lebens fassen
oder neu bedenken?

Ich treffe jetzt eine Entscheidung,
wie der heutige Tag verlaufen soll:

Soll es ein Tag voller *Geschäftigkeit* werden?
Ich zähle die Dinge auf, die ich heute unbedingt
    erledigen will ...

Soll es auch ein Tag werden,
an dem ich einfach da bin,
ohne etwas leisten zu wollen,
Dinge zu verrichten,
zu erreichen oder zu besitzen,
vielmehr um einfach zu *sein?*

Mein Leben wird keine Frucht tragen,
wenn ich nicht die Kunst lerne,
etwas beiseite zu legen,
die Kunst, die Zeit schöpferisch zu „verschwenden".

Deshalb setze ich eine bestimmte Zeit fest
für das Spiel ...
für scheinbar nutzlose
und unproduktive Liebhabereien ...
für Stille – Geselligkeit – Ausruhen ...
Und ich überlege, was ich heute schmecken
und berühren
und riechen
und anhören
und sehen will ...

Das Abenteuer

Ich stelle mir vor, ich wäre dabei,
als Jesus dem Petrus zum ersten Mal begegnet
und ihn den Felsen nennt (Joh 1,40–42).

Ich stehe am Seeufer,
als er Petrus und Andreas, Jakobus und Johannes
auf die Idee bringt,
Menschen zu fischen (Mt 4,18–22).

Ich gehe in das Zollhaus
und höre, wie er Matthäus beruft,
und beobachte die Wirkung (Mt 9,9).

Ich bin zugegen,
als der Engel Maria die Botschaft bringt (Lk 1,26–38).

Ich sehe, wie der auferstandene Herr
Maria von Magdala einen Auftrag erteilt (Joh
    20,11–18).

Ich bin mit Paulus auf dem Weg nach Damaskus,
als die Stimme ihn anruft (Apg 9,22.26).

> Ich sehe diese Szenen vor mir,
> nicht, als ob sie sich
> in der Vergangenheit zutrügen, sondern jetzt.
> Ich schaue nicht nur zu,
> ich wirke mit ... nehme teil ...

Ich schreibe die Geschichte meiner eigenen Berufung
für mein Bibelexemplar ...
Wie bei allen Schrifttexten,
so ist auch hier jedes Wort, jeder Satz
von Bedeutung ...

Ich besuche Petrus vor seiner Hinrichtung in seiner
    Gefängniszelle.
Er schaut auf den Tag zurück,
an dem Jesus ihn rief ...
auf das, was er seitdem gesehen ... und gelernt ...
    und gefühlt hat.
– was er getan und was für ein Leben er geführt
    hätte,
wenn Jesus ihn nicht getroffen hätte ...
– den Gegensatz zwischen der heutigen Wirklichkeit
und den einstigen Illusionen ...

Auch ich schaue zurück
auf den Tag, an dem Jesus mich rief,
ebenso wie Petrus ...
Dann vertraut Petrus mir an,
was ihn in Gedanken an seinen morgigen Tod
    bewegt ...

Der Ruf ist noch immer lebendig.
Nachdem er einmal ergangen ist,
trägt er mich jeden Tag
zu etwas – ich weiß nicht was –
nach diesem Ereignis.
Wozu wurde ich gestern gerufen?

Die Stimme, die zu Petrus am Seeufer
und zu Maria am Grab sprach,
höre ich eben jetzt zu mir sagen:
„Komm ... Ich will dich senden ..."
Mir ist, als hörte ich den Widerhall dieser Worte
immer wieder in meinem Herzen ...

Ich weiß nicht, wozu die Stimme mich ruft,
aber ich erkenne sie
und gebe ihr meine Antwort ...

Die Ankunft

Die geschichtlichen Ereignisse waren für mein
Kommen in diese Welt
nicht weniger genau bestimmt
als für die Ankunft des Erlösers.
Die Zeit mußte reif sein,
der Ort gerade richtig,
die Umstände so weit,
daß ich geboren werden konnte.

Gott wählte die Eltern für seinen Sohn
und stattete sie mit den Gaben aus,
die sie für das Kind brauchten,
das ihnen geboren werden sollte.
Ich rede zu Gott über den Mann und die Frau,
die er für mich als Eltern wählte,
solange, bis ich sehe, daß sie so sein mußten,
wie sie waren,
wenn ich so werden sollte,
wie Gott mich haben wollte.

Das Christuskind kommt, wie jedes andere Kind,
um der Welt eine Botschaft zu bringen.
Was für eine Botschaft soll ich bringen?
Ich bitte den Herrn, mir zu raten,
wie ich sie in einem Wort oder Bild ausdrücken
    kann.

Christus kommt in diese Welt,
um einen bestimmten Weg zu gehen,
eine bestimmte Sendung zu erfüllen.
Er erfüllte gewissenhaft,
was über ihn „geschrieben" steht.

Wenn ich zurückschaue, sehe ich mit Staunen,
was in meinem eigenen Leben „geschrieben" stand
und ungefähr erfüllt wurde.
Und für jeden Abschnitt dieser Schrift,
sei er auch noch so klein, sage ich „Dank",
um ihn durch meine Dankbarkeit zu heiligen.

Ich schaue erwartungsvoll und ergeben
nach allem aus, was kommen wird
und spreche mit Christus: „Ja. Es geschehe."

Zum Schluß denke ich an den Gesang der Engel
bei der Geburt Christi.
Sie sangen von Frieden und Freude
zur Ehre Gottes.

Habe ich je den Gesang gehört, den die Engel
    sangen,
als ich geboren wurde?

Ich sehe voll Freude, was ich dazu beigetragen habe,
daß die Welt besser wird,
und ich stimme in das Lied der Engel ein,
das sie sangen,
als sie meine Geburt verkündigten.

Das Gefäß

Ich bitte Gott um einen ganz bestimmten Leib
und erhalte denjenigen, den ich gerade jetzt habe.
Mit welchen Gedanken und Gefühlen
betrachte ich diesen Leib?

Wir hören von Heiligen,
die ihren Leib gehaßt haben
oder denen er gleichgültig war.
Wie ist meine Einstellung?
Wie kam ich dazu?

Inwiefern ist mein Leib mir Hilfe oder Hindernis
für meinen Lebensentwurf?

Was würde mein Leib zu diesem Entwurf sagen,
wenn er reden könnte?

Das Verhältnis zu meinem Leib
– im Guten wie im Bösen –
ist von großer Bedeutung für mein Leben.

Das beste Mittel, das Verhältnis zu verbessern
oder zu vertiefen,
ist der Dialog.

Mein Leib muß ehrlich sein, wenn er seinen Ärger
und seine Furcht vor mir zum Ausdruck bringt.
Ich muß ebenso ehrlich sein ...

Wir bleiben im Gespräch, bis wir ausgesöhnt sind
und uns besser verstehen und lieben.

Dann müssen wir uns ausdrücklich
auf unsere gegenseitigen Erwartungen einigen.

Bevor wir unser Gespräch beenden,
bitte ich meinen Leib um einen Denkspruch.

Die Heilige Schrift zeigt mir
die Geistigkeit meines Leibes.
Sie sagt, daß mein Leib ein Tempel Gottes ist,
die Wohnstatt des Heiligen Geistes.
Was bedeutet das?

Ferner sagt sie, daß unser Leib nicht uns gehört,
    sondern Christus.
Deshalb kann Christus von mir sagen: „Dies ist mein
    Leib."
Und wieder denke ich über den Sinn dieser Worte
    nach.

Ich sehe mich bei meinen alltäglichen Verrichtungen
(essen, waschen, spielen, schlafen)
und weiß dabei, daß mein Leib
die Wohnung der Gottheit ist,
oder daß meine Sorge für ihn
dem Leib meines Geliebten gilt.

Zum Schluß rede ich mit Gott über meinen Leib
und höre zu, wie er zu mir spricht.

Die Heilquellen

Ich suche die erfrischenden, lebenerhaltenden
und heilenden Quellen,
die mein Geist ständig
und ebenso dringend braucht
wie mein Leib.

In Einsamkeit und *Schweigen*
bin ich wieder heil geworden
und habe zu mir selbst zurückgefunden.

So suche ich nun, Wort und Gedanken
zum Schweigen zu bringen,
indem ich auf die Töne ringsum achte
oder auf meine leiblichen Empfindungen
oder auf meinen Atem ...

Aus der *Liebe* erwächst mir Kraft.

Deshalb überdenke und durchlebe ich noch einmal
    die Zeiten,
in denen ich mich geliebt,
umsorgt und umhegt fühlte.
Und ich sehe mich, wie ich in Liebe
auf Freunde,
auf Notleidende,
auf jedes Lebewesen zugehe.

Ich werde in Zeiten *schöpferischer* Kraft neu belebt.

Wie zeigt sich das in meinem Leben?

Ich finde Frieden und Heilung,
weil ich in der *Natur* verwurzelt bin.

Ich denke daran, wie es ist,
wenn ich mit Erde und Himmel,
mit Bergen, Flüssen, Meeren
und den vielen Naturerscheinungen
und dem Wechsel der Jahreszeiten
im Einklang bin.

Ich finde alles im *Gebet,*
das für mich Wohlgeruch und Speise ist,
Heimat, Schutzwehr und Stärke.

Ich erinnere mich an die wechselnden Gezeiten
in meinem Leben,
an die Augenblicke, in denen ich meine Verzweiflung
   hinausschreie,
an die Tage frohen Dankes,
die Zeiten der Stille,
Gegenwart,
Anbetung ...

Und ich spreche ein Gebet oder ein Gedicht,
oder ich singe ein Lied,
irgend etwas, das ich liebgewonnen habe;
das ich mir mein Leben lang als Begleiter wünsche
und das auf meinen Lippen sein soll,
wenn ich sterbe.

Der Unterricht

Jesus sagt: „Mit dem Himmelreich ist es wie mit einem Senfkorn, das ein Mann auf seinen Acker säte. Es ist das kleinste von allen Samenkörnern; sobald es aber hochgewachsen ist, ist es größer als die anderen Gewächse und wird zu einem Baum, so daß die Vögel des Himmels kommen und in seinen Zweigen nisten" (Mt 13, 31–32).

Ich halte das kleinste von allen Samenkörnern
in meiner hohlen Hand.
Dann sehe ich es als hochgewachsenen Baum,
der stark genug ist, um Vogelnester zu tragen.

Mein innerer Blick geht vom Samenkorn zum Baum
mehrmals hin und her.

Dann beobachte ich das Samenkorn
in all seinen Wachstumsphasen.

Schließlich sitze ich vor dem hochgewachsenen Baum
und unterhalte mich mit ihm.

Wir sprechen über das Kleinsein,
der Baum und ich.

Über Mutlosigkeit, Wagnisse in unserem Leben,
Veränderung mit allem, was dazu gehört,
Fruchtbarkeit, Dienst ...

und endlich über Gottes Macht in unserem Leben.

Ich beschließe diese Übung zu Füßen Jesu:
Ich erzähle ihm, was der Senfbaum mich gelehrt hat
und bitte, daß auch er mich belehren möge.

Das Geheimnis

Ich machte mich auf die Suche
nach der Quelle des Glücks:

Ich stelle mir einen glücklichen Menschen vor,
der arm ist
und schaue mir sein Leben genau an.
Ich unterhalte mich mit ihm
und versuche zu ergründen,
was diesen Menschen glücklich macht ...

Ich denke an einen fröhlichen Menschen
mit schwacher Gesundheit ...
mit körperlichen Schmerzen ...
und komme auch mit ihm ins Gespräch,
um herauszufinden,
was ihn glücklich macht ...

Ich mache es ebenso mit einem glücklichen
    Menschen,
der sein Ansehen verloren hat ...

Ich gehe in ein Gefängnis ...
und bin erstaunt, sogar hier einen glücklichen
    Menschen zu finden ...
Ich frage ihn, wie er dazu kommt ...

Dann beobachte ich unglückliche Leute,
die frei sind ...
und wohlhabend ...
einflußreich ...
angesehen ...

Ich spreche mit ihnen
– und höre mir bei der Unterhaltung
ihre Klagen aufmerksam an ...

Gestern hatte ich Gelegenheiten, mich zu freuen,
und habe sie nicht einmal bemerkt.
Jetzt erst sehe ich sie ...

Es ist unvorstellbar, daß jemand dankbar
und unglücklich sein könnte.
Ich danke dem Herrn für alles,
was gestern geschehen ist ...
und achte darauf, welche Wirkung das auf mich hat.

Und in den Dingen,
die ich unangenehm oder lästig nenne,
suche ich das Gute, das ich durch sie bekomme ...
die Samenkörner, die Wachstum in sich bergen ...
und finde Grund, auch für sie dankbar zu sein ...

Endlich sehe ich mich selber
von Stunde zu Stunde durch den heutigen Tag gehen
in Dank
– und Glück ...

Der Mittelpunkt

Ich denke mir, ich begebe mich
an einen einsamen Ort.
Ich verbringe einige Zeit damit,
die Gegend zu erkunden.
Dann lasse ich mich nieder,
um mein Leben zu betrachten.

Ich sehe, wie oft ich nach außen jage –
nach Menschen, Beschäftigungen, Orten, Dingen –,
auf der Suche nach Kraft und Ruhe und Sinn,
und dabei vergesse, daß die Quelle all dessen
hier in meinem Herzen ist.
Hier muß ich sie suchen.

Jeder Mensch trägt Gedanken in sich,
die ihm auf der Stelle Frieden bringen können.
Ich suche die meinigen.

Ich suche auch die Gedanken,
die mir helfen, den Anforderungen des Lebens
stark und mutig entgegenzutreten.

Was für Gedanken machen mich warm und gütig
und vertreiben Haß und Ärger aus meinem Herzen?

Was für Gedanken machen mein Leben sinnvoll,
bringen mir Zufriedenheit und Freude,
treiben mich an zu dienen?

Ehe ich die Wüste verlasse, erinnere ich mich,
daß es noch eine andere Quelle in mir gibt,
die nicht auf Gedanken angewiesen ist,
um mir alles zu geben, was ich brauche.

Ich mache einen indirekten Versuch, sie zu erreichen,
indem ich mir eine lichtdurchflutete Höhle
in meinem Herzen vorstelle.
Als ich eintrete, dringt das Licht in mich ein.
Ich kann fühlen, wie seine Strahlen
erschaffen und beleben und wärmen und heilen.

So sitze ich in schweigender Anbetung
mitten in der Höhle,
und das Licht sickert durch alle Poren in mich ein.

Die Bibel

Ich nehme meinen Atem wahr
oder meine körperlichen Empfindungen,
denn so komme ich zur Ruhe,
und Gottes Offenbarungswort
wird nur im Schweigen vernommen.

Ich blicke in die Natur ringsum:
auf Bäume, Vögel und Tiere,
auf den Himmel und die Mutter Erde.
Ich denke mir die Natur in ihren verschiedenen
   Stimmungen:
in der Morgenfrische,
der Mittagshitze,
bei Sonnenuntergang
und im Dunkel der Nacht.

Ich sehe sie vor allem in ständiger Bewegung:
in den immer wechselnden Jahreszeiten,
im Werden und Vergehen von Leben und Tod,
in ihrer Schönheit und Grausamkeit.

Und ich frage:
„Herr, was willst du mir durch die Natur sagen?
Welche Botschaft gibst du mir,
wenn ich sie heute anschaue?"

Ich warte auf Gottes Antwort.
Sie kann mir in einem Wort,
einem Spruch oder einem Bild zukommen –
oder in einem Schweigen,
das mein Herz jenseits aller Worte belehrt.

Wenn sie ausbleibt,
bitte ich die Bäume um Antwort
oder die Vögel oder Sterne oder Flüsse –
was ich in der Natur gerade sehe ...

Ich blicke auf die Geschichte der Menschheit,
auf das, was ich davon behalten habe,
angefangen mit der Steinzeit bis auf unsere Tage –
auf den Aufstieg und Niedergang der Völker und
   Kulturen,
auf Frieden und Krieg, gute und schlechte Menschen.

Und während ich hinschaue,
warte ich wieder darauf,
daß sein Wort im Schweigen zu mir spricht.

Durch jeden Menschen, mit dem ich zusammenlebe,
bricht Gott in mein Leben ein.
Was tut er?
Was sagt er mir durch diesen Menschen?

Ich hüte mich, es voreilig in Worte zu fassen.
Ich warte, bis es mir gegeben wird –
in Wort oder Schweigen ...

Ich mache es ebenso mit Lebenserfahrungen,
frohen und schmerzlichen,
außergewöhnlichen oder alltäglichen Ereignissen.

Es sind zu viele.
Ich kann einfach auf das zurückschauen,
was gestern geschehen ist ...
oder heute ...
denn von dem Augenblick an, als ich wach wurde,
und sogar, während ich schlief,
hat Gott unaufhörlich gewirkt
und sich offenbart.

So bin ich auf der Suche und hoffe,
daß meine Augen sehen
und mein Herz versteht.

Oder ich bitte das Ereignis selbst,
mit mir zu sprechen
und mir zu helfen, es zu verstehen.

Bevor ich aufhöre, bitte ich den Herrn,
mir Licht zu schenken,
damit ich die Schrift verstehe, die er heute schreibt:
mein Leben und jede Einzelheit ringsum.

Der Fremde

Als der Messias gekommen war,
hat sein Volk ihn nicht erkannt.
Er ist immer noch um die Wege.
Wann habe ich ihn zuletzt gesehen?

Ich denke an Augenblicke,
in denen ich Liebe schenkte ...
und empfing ...
Da ist Gott von neuem Mensch geworden.

Jedes Mal, wenn eine Erkenntnis mich befreite
und aufatmen ließ,
hat Gottes Wort sich von neuem offenbart.

Der flammende Blick der Propheten
deckte unsere Sünde auf.
Jedes Mal flammte mein Herz auf,
wenn ich Unterdrückung und Ungerechtigkeit erfuhr.
Jedes Mal wurden meine verborgenen Tiefen
wie in einem Blitzstrahl erhellt
und meine Verschanzungen sichtbar ...

Jedesmal, wenn ich innerlich geheilt wurde,
streckte Jesus seine Hand nach mir aus
und berührte mich.
Und wenn ich Enttäuschungen, Dunkelheit und
   Schmerz fühlte,
rang er in seiner Passion.

Wenn ich voller Begeisterung einer Rede lauschte
oder ein Buch las
oder einen Film ansah ...

so war es der Meister, der sie in mir erweckt hatte
   und mich in seine Nachfolge rief.

Und war nicht er der Hohepriester, der mich in
   meinem betenden Schweigen mit Gott vereinte?

Ich versuche, mir solche Gnadenstunden
aus der jüngsten Vergangenheit zurückzurufen,
und bitte, der Herr möge heute wiederkommen.

Dann stelle ich mir vor,
daß Gott mich zum Messias salbt,
und sehe mich bei allem, was heute geschehen wird,
   in dieser Rolle.

Das Absolute

Gott sagt: „Gib mir dein Herz" ...
Und dann, als er meine Verlegenheit sieht,
höre ich seine Antwort:
„Wo dein Schatz ist, da ist auch dein Herz."

Meine Schätze – das sind:
Menschen ...
Orte ...
Tätigkeiten ...
Dinge ...
Erfahrungen von früher ...
Zukunftshoffnungen und -träume ...

Ich hebe jeden Schatz auf,
sage ihm etwas
und stelle ihn vor den Herrn ...

Wie aber kann ich ihm diese Schätze „geben"?

In dem Maß, wie mein Herz
in diesen vergangenen Schätzen ist,
bin ich versteinert und tot,
denn Leben ist nur im Gegenwärtigen.
So sage ich denn all diesen vergangenen Schätzen,
diesen goldenen Gestern, Lebt wohl.
Jedem einzelnen rede ich gut zu und erkläre ihm,
daß ich ihm zwar dankbar bin,
daß er in mein Leben getreten ist,
aber daß er nun gehen müsse,
– weil mein Herz sonst nie lernen würde,
die Gegenwart zu lieben ...

Mein Herz ist auch in der Zukunft.
Seine ängstliche Sorge um das,
was morgen sein wird,
läßt wenig Energie übrig,
um ganz im Heute zu leben.
Ich mache mir ein Verzeichnis von diesen Ängsten ...

und sage zu jeder: „Laß Gottes Willen geschehen" ...
beobachte dabei,
was für eine Wirkung das auf mich hat ...
während ich im tiefsten Herzen weiß,
daß Gott nur Gutes für mich wollen kann ...

Mein Herz ist in meinen Träumen, Wunschbildern
    und Hoffnungen ...
die mich in Zukunftsvorstellungen leben lassen.
Ich sage zu jedem einzelnen:
„Laß Gottes Willen geschehen,
laß ihn mit dir machen, was er für richtig hält." ...

Nachdem ich jenen Bereich meines Herzens
    zurückerobert habe,
der von der Zukunft und der Vergangenheit
    gefangengehalten war,
überschaue ich nun meine augenblicklichen Schätze:
Jedem geliebten Menschen sage ich voll Zärtlichkeit:
„Du bist mir so kostbar,
aber du bist nicht mein Leben.
Ich muß ein Leben leben,
einem Schicksal begegnen,
das anders ist als du" ...

Ich sage zu Orten ... Dingen ...., an denen ich hänge:
„Ihr seid kostbar, aber ihr seid nicht mein Leben.
Mein Leben und Geschick sind anderswo."

Ich sage zu den Dingen,
die scheinbar mein eigenstes Sein ausmachen:
meine Gesundheit ...
meine Vorstellungen ...
mein guter Name, mein Ruf ...
ja, ich sage es sogar zu meinem Leben,
das eines Tages dem Tod unterliegen muß:
„Ihr seid begehrenswert und kostbar,
aber ihr seid nicht mein Leben.
Mein Leben und mein Geschick sind anderswo."

Zuletzt stehe ich allein vor dem Herrn.
Ich gebe ihm mein Herz.
Ich sage: „Du, Herr, bist mein Leben.
Du bist mein Geschick."

Der Nomade

Jesus sagt: „Der Mensch muß wiedergeboren
  werden,
damit er das Reich Gottes schauen kann."
Um das besser zu verstehen,
denke ich über zwei Welten nach:

Ich betrachte die dunkle Welt des ungeborenen
  Kindes ...
dann beobachte ich das Leben eines Liebenden ...

Ich sehe die Qual menschlichen Leidens ...
dann die Geborgenheit des Mutterschoßes ...

> Ich schaue einfach hin, ohne zu überlegen,
> denn diese entgegengesetzten Szenen genügen
>   schon,
> um mein Herz zu erziehen.

Ich sehe die Welt,
die der Ungeborene nicht kennen kann:
die Herrlichkeit der untergehenden Sonne ...
die Milde der Nacht ...
die Majestät des Ozeans ...

Dann ergeht sich mein Geist in Szenen voller Freude
und Leid ...
und Furcht ...
und Frieden ...
und Tod ...
und Gewalt ...
sie alle das Gegenteil
zu der Stille des Mutterschoßes ...

Da erhebt sich in mir eine Frage:
Wenn ich die Wahl hätte, was würde ich wählen:
die Höhen und Tiefen des Lebens
oder die Geborgenheit des Schoßes?
Meine Antwort wird erweisen,
ob ich das habe, was zur Wiedergeburt nötig ist.

Ich kann nicht mehr dazu tun,
wiedergeboren zu werden,
als ich tun konnte,
um zum ersten Mal geboren zu werden.
Aber ich kann zwei Dinge tun:

Das eine: Ich kann mich mit dem Lebensnotwendigen
    ernähren:
Ein Kind, das geboren wird, bevor es voll ausgestaltet
    ist, kommt um.
Ich muß mit den Dingen in Fühlung bleiben ...
mit den Orten ... Beschäftigungen ...
Menschen ...
die mir Freude und Liebe und Schönheit bringen.
Jetzt trinke ich ausgiebig an diesen Brunnen
in Dankbarkeit,
ohne Schuld ...

Das andere:
Ich kann meine Freiheit und Selbständigkeit
sorgfältig hüten:
Ich muß lernen, mich an jene Quellen zu halten,
aus denen ich trinke,
und nicht haften zu bleiben:
mich an den Dingen zu erfreuen, ohne von ihnen
    Besitz zu ergreifen;
Nahrung zu suchen, ohne Wurzeln zu schlagen.
Denn ich muß immer in Bereitschaft stehen,
um aufzubrechen, wenn es Zeit zur Wiedergeburt ist.

Und hier sehe ich meiner Furcht offen ins Gesicht,
denn Furcht ist der Tod meiner Freiheit
und kettet mich fest.
Ich klammere mich an menschliche Gesellschaft,
denn ich fürchte mich, allein zu sein ...
Ich klammere mich an Beliebtheit
und fürchte mich, Anstoß zu erregen ...
Ich klammere mich an Freunde und Verwandte,
denn ich fürchte mich, Außenseiter zu werden ...
an die Autorität, denn ich fürchte mich
vor der Eigenverantwortung ...
an Sicherheit und überkommene Ansichten
und schaudere vor Veränderungen zurück ...
Schließlich klammere ich mich an das Bekannte,
das Vertraute und Althergebrachte,
denn ich fürchte mich, wiedergeboren zu werden
– in eine Welt einzutreten,
die neu, unbekannt und unvertraut ist.

Ich denke nach, wie ich heute Liebe trinken kann ...
und Freude ...
und Frieden ...
und Glück ...

Und ich denke nach, wie ich Eigenständigkeit und
    Freiheit gewinnen will:
Gefahren auf mich nehmen ...
Unannehmlichkeiten willkommen heißen ...
für Veränderungen aufgeschlossen sein ...
um mich von fern auf jenen Tag vorzubereiten,
an dem ich hineingeboren werde
in eine andere, größere Welt.

Der Meeresstern

Ich betrachte die Hochzeit von Kana
und nehme an den Festlichkeiten teil.
Ich sehe auch Maria unter den Festgästen.
Ich sehe ihre Freude,
ihr Besorgtsein
und welchen Einfluß
sie auf Jesus zu haben scheint ... (Joh 2, 1–11)

Ich gehe im Geist nach Lourdes
und nehme die Gebetsatmosphäre in mich auf ...

Ich mische mich unter die Menge
an der wunderbaren Quelle ...
in der Erscheinungsgrotte ...
bei der Krankensegnung ...
und der Lichterprozession ...

Ich schaue den Menschen, die ich dort sehe,
ins Herz:
ich sehe ihre Einstellung,
ihre Erwartung,
ihr Verhältnis zur Mutter des Erlösers ...

Dann, wenn auch ich ein Verehrer und Pilger
    Mariens geworden bin,
überlege ich, was ich als nächstes tun will ...

Im Geist pilgere ich
zu allen Heiligtümern und Wallfahrtsorten,
an denen die Menschen die Fürbitte Mariens
    erflehen ...

und ich denke nach,
was sie für den Jünger des Herrn
bedeutet und versinnbildet.

Darauf versenke ich mich tief in mein Inneres,
um im Tempel meines Herzens zu beten ...
Ich stehe barfuß und ehrfürchtig
mitten in diesem Heiligtum
und überlege,
ob ich dort einen Marienaltar errichten soll.

Wenn ich mich an den Bau begebe,
frage ich mich, welche Rolle
Maria in meinem Leben spielen soll ...
welche Bereiche ich unter ihren Schutz stellen will
und in welcher Form ich sie verehren möchte.

Ich suche mir ein Wort oder einen Satz
als Inschrift für diesen Altar,
den ich ihr erbaut habe.

Oder ich nehme einfach jene Worte,
die unzählige Lippen ausgesprochen haben:
„Mutter der Barmherzigkeit,
mein Leben,
meine Wonne,
meine Hoffnung."

Versöhnung

Die Umkehr

Kehrt um und glaubt an die Botschaft – das ist das Thema der Verkündigung Jesu zu Beginn seiner öffentlichen Tätigkeit. Ich ziehe mit diesem vielversprechenden jungen Propheten durch die Städte und Dörfer, wo er die Frohbotschaft predigt ... und spüre die Begeisterung und die Feindseligkeit, die seine Worte hervorrufen.

Ich bin bei seiner Predigt dabei ...
Ich bin Zeuge der Reaktion,
die seine Worte in den Herzen seiner Zuhörer
und in meinem eigenen Herzen hervorrufen.

Als er seine Rede beendet hat,
fragt ihn einer aus der Menge,
was Umkehr bedeutet ...
ein anderer, was „Frohbotschaft" heißen soll ...
Ich höre seine Antworten ...

Eines Tages, um die Mittagszeit, sitze ich ganz allein
mit Jesus unter einem Baum ...
oder bei Nacht im Haus eines Freundes ...
Er bittet mich, die Frohbotschaft
in drei oder vier Sätzen zusammenzufassen.
Diese Sätze sollten eine Botschaft enthalten,
die der Furcht ein Ende macht und Freude bringt,
– eine so unerhört „frohe" Botschaft,
daß man geradezu gedrängt wird, ihr zu glauben ...

44

Dann, während ich immer noch bei Jesus sitze,
spreche ich über das Wort Umkehr,
die Revolution,
die totale Umwandlung von Herz und Sinn.

Es ist mir, als lege Jesus mir seine Hände auf,
um diese Umwandlung zu bewirken.

Dann gehe ich fort, dem Tag entgegen,
der vor mir liegt,
Herz und Sinn verwandelt ...
und ich erkenne die Veränderung,
die sich in meinem Verhalten
und in meinem Gefühl vollzogen hat.

Ich sehe den Unterschied, wenn ich bete
oder an den Tod denke
oder eine Zeitschrift lese
oder auf den Himmel
und auf Wolken und Bäume schaue ...

Die Verblendung

Ich halte mich für einen recht annehmbaren, gutherzigen und ehrenwerten Menschen mit unbedeutenden Sünden und Fehlern, bis es mir eines Tages aufgeht, daß diejenigen die größten Sünder sind, die aus Unwissenheit sündigen.

Ich sehe den gutgemeinten Schaden,
der hilflosen Kindern „aus Liebe" zugefügt wird …

Ich sehe Anzeichen von Grausamkeit
bei eifrigen frommen Leuten …

Ich sehe, wie wohlmeinende Pharisäer
ihre Anschuldigungen gegen Jesus erheben
und es als ihre Pflicht betrachten,
ihn beiseite zu schaffen …

Der Gedanke erschrickt mich,
daß ich unter dem fanatischen Eifer
der Hohenpriester und Pharisäer zu leiden hätte …

Sie waren so selbstsicher,
so überzeugt, im Recht zu sein,
so verschlossen gegenüber anderen Auffassungen,
so wenig bereit, sich zu ändern.
Ich denke an Menschen, von denen ich dasselbe weiß.
Und dann denke ich an mich …

Die Pharisäer waren mit dem Urteil schnell bei der
    Hand.
Für sie waren Menschen entweder gut oder schlecht.
Nie gab es etwas Gutes in einem,
den sie von vornherein für schlecht hielten …

Ich denke an andere Menschen,
die scheinbar ebenso sind ...
Ich denke an mich ...

Ich mache ein Verzeichnis
von „schlechten Menschen", die ich kenne
und frage mich, ob sie im Herzen nicht vielleicht weit
    besser sind als ich ...

Die Pharisäer gehörten zur „etablierten Gesellschaft".
Sie fürchteten sich, an dem Schiff zu rütteln.
Ich denke an mich ...

Die Pharisäer liebten ihre Machtstellung.
Sie zwangen die Menschen aus Eigennutz,
gut zu sein.
Sie brachten es nicht fertig,
anderen ihre Freiheit zu belassen ...
Und wieder denke ich an mich ...

Endlich war der Pharisäer Konformist.
Selbst wenn er den Angeklagten, der vor ihm stand,
für unschuldig gehalten hätte,
so fehlte ihm doch die heilige Kühnheit,
seinen Ratsgenossen entgegenzutreten
und seine Meinung auszusprechen.
Ich denke beschämt an meine Furcht,
Anstoß zu erregen,
gegenteiliger Ansicht zu sein,
zu mißfallen ...

Ich bin nicht viel besser
als die Menschen, die den Erlöser getötet haben.
Alles, was ich sagen kann, ist:
„Herr, sei mir armem Sünder gnädig."

Ich höre ihn gütig antworten:
„Du bist meinem Herzen kostbar, mein Kind."
Was kann er nur damit meinen?

Ich schaue mit seinen Augen, was er in mir sieht,
da er, der doch meine Sündhaftigkeit kennt,
zu mir sagt:
„Du bist meinem Herzen kostbar."

Mit eben diesen Augen schaue ich auf „Sünder",
die „Hitler" und „Stalin" unserer Zeit ...

Ich schaue auf Menschen, die ich nicht mag,
die ich ablehne ...

Ich brauche wohl seine Augen, um Mitleid zu lernen
und von dem Pharisäer in meinem Herzen
befreit zu werden.

Die Erleuchtung

Wenn ich versuche, das,
was ich an mir nicht leiden kann,
dadurch zu ändern,
daß ich es bekämpfe,
dann dränge ich es nur in den Untergrund.
Wenn ich es annehme,
bleibt es an der Oberfläche und verflüchtigt sich.
Wenn ich ihm Widerstand entgegensetze,
bleibt es hartnäckig und weicht nicht von der Stelle.

Ich betrachte das Beispiel Jesu, der sich zur Aufgabe
macht, Berge zu versetzen, und der mit erbitterten Nar-
ren streitet. Doch sogar in seinem Zorn ist er voller
Liebe; sein leidenschaftliches Verlangen nach Veränderung verbindet er mit der Annahme der Wirklichkeit,
so wie sie ist.

Ich versuche, wie er zu sein.
Ich fange mit Unlustgefühlen an.
Ich rede ihnen liebevoll und versöhnlich zu
und höre hin auf das, was sie mir zu sagen haben,
bis ich merke, daß es bei aller Unannehmlichkeit
mir auch gut tut;
daß es zu einem heilsamen Zweck geschieht,
den ich nun zu entdecken suche ...

Ich setze das Gespräch fort,
bis ich fühle, daß ich diese Gefühle wirklich
    angenommen habe
– Annahme, nicht Zustimmung, nicht Resignation ...
so daß ich nun nicht mehr über meine Depressionen
    deprimiert bin

oder ärgerlich über meinen Ärger
oder mutlos wegen meiner Mutlosigkeit
oder mich fürchte vor meiner Furcht
oder abweisend bin wegen meines Abgewiesenseins.
Ich kann jetzt im Frieden mit ihnen leben,
denn ich habe eingesehen,
daß Gott sie für mich zum Guten wenden kann.

Ich mache es ebenso
mit manchen der vielen anderen Dinge
in meinem Leben,
die ich ändern möchte:

Körperliche Beschwerden ...
Persönliches Versagen ...
Äußere Lebensumstände ...
Ereignisse von früher ...
Menschen, mit denen ich zusammenlebe ...
Die ganze Welt, so wie sie ist ...
Alter, Krankheit, Tod ...

Ich unterhalte mich liebevoll mit ihnen,
in dem Wissen, daß sie irgendwie
in Gottes Pläne einbezogen sind.

Dabei geht in mir eine Veränderung vor:
Während um mich her alles gleich bleibt:
die Welt, meine Familie, meine Gefühle,
mein Leib, meine Nerven,
bin ich nicht mehr derselbe.
Ich bin nun gütiger geworden,
nehme Unerwünschtes leichter an.
Ich bin auch friedfertiger,
weil ich eingesehen habe,
daß man keine dauerhafte Veränderung mit Gewalt
    erreichen kann,
sondern nur mit Liebe und Verstehen.

Die Offenbarung

Ich versetze mich in die Gegenwart Christi
und öffne mich ihr im Schweigen,
denn sie heilt und schafft neu und gibt Zuversicht.

Und nun bitte ich den Herrn,
mir möglichst vollständig aufzuzählen,
was er fehlerhaft an mir findet;
jedes Anzeichen von Selbstsucht,
jeden Bereich,
in dem ich noch Fortschritte machen muß;
alles in mir, was ich ändern muß.

> Und während er spricht,
> präge ich mir genau ein, was er sagt,
> schreibe es sogar auf,
> wenn ich glaube, daß es hilfreich ist.

Dann frage ich ihn, auf welchen dieser Fehler
ich seiner Meinung nach
am meisten achtgeben muß.

> Ich mache mich ein paar Sekunden ganz leer
> und stelle mir vor, daß er spricht.
> Und ich bemühe mich, darauf gefaßt zu sein,
> daß das, was er sagt,
> gänzlich unerwartet sein kann.

Ich wende meinen Blick nach innen,
um zu sehen, ob ich diesen Fehler
wirklich ablegen will ...
Wenn nicht, dann nehme ich mir als erstes vor,
diese Willensschwäche zu bekämpfen.

Nun beginne ich mit dem Wichtigsten,
was es zu einer Veränderung braucht:
Bevor ich auch nur einen einzigen Schritt mache,
muß ich unbedingt die Worte Christi hören,
die er mir sagt:
„Soweit es um meine Liebe zu dir geht,
ist es gleichgültig, ob du dich änderst oder nicht,
denn meine Liebe zu dir ist bedingungslos."

Nun merke ich, wie die Kraft Christi in mich
    einströmt,
und ich fühle mich stark, während ich zuvor
    furchtsam war ...
gelöst, während ich zuvor angespannt war ...
an Orte gehen, die ich zuvor gemieden hatte ...

Ich sehe mich durch den Tag gehen
– oder in eine Situation,
in der diese neue Kraft nötig ist –
mit jener Kraft ausgerüstet,
die ich von Christus empfangen habe.

Endlich verweile ich in dankbarer Anbetung
in seiner liebenden Gegenwart.

Der Satellit

Ich betrachte die Natur und denke darüber nach, welch eine Kraft in ihr liegt, so still und unsichtbar, daß die Menschen sie bis vor kurzem nicht entdeckt hatten, und doch so mächtig, daß die Welt durch sie bewegt wird: die Schwerkraft.

Ihretwegen fliegt der Vogel gen Himmel,
stehen Berge unerschütterlich fest,
bleibt Federleichtes am Boden liegen,
ziehen die Planeten ihre Bahn.

Es gibt kein besseres Symbol
für Gottes Macht und Gegenwart.

Bilder von Leid blitzen in meinem Geist auf:
Folterkammern ...
Konzentrationslager ...
Hungerkatastrophen ...
Kriegsschauplätze ...
Krankenhäuser ...
Unglücksfälle ...
Und ich sehe ihn dort so still und unsichtbar
wie die Schwerkraft ...

Ich rufe mir Tausende von schmerzlichen Ereignissen
aus meinem eigenen Leben ins Gedächtnis:
von Stumpfsinn und Enttäuschung ...
von Leid, Angst, Zurückweisung,
von Sinnlosigkeit und Verzweiflung ...
und in jedem Ereignis spüre ich
seine stille Gegenwart ...

Ich sehe seine Macht wie eine Schwerkraft
in jedem Winkel und jeder Ecke der Welt:
kein Ort im Weltall – kein Moment in der Zeit
ist ausgenommen, denn sie dringt überall hin.

Dann sehe ich seine Liebe wie eine Schwerkraft.
Ich höre den Aufschrei des heiligen Paulus,
daß kein Geschöpf uns trennen kann von der Liebe
    Gottes (Röm 8, 31–39).

Ich denke mit Wehmut
an jene Zeiten zurück,
in denen ich mich gegen seine Liebe gewehrt habe
– umsonst, denn seine Liebe ist unwiderstehlich.

Ich sehe, daß Gott niemals nachgelassen hat,
mein Herz an sich zu ziehen.
Dieser Zugriff war ebensowenig zu spüren
wie die Schwerkraft.
Aber in manchen gesegneten Augenblicken,
an die ich mich nun mit Freuden erinnere,
konnte dieses Ziehen nicht unbemerkt bleiben.

Wann habe ich es zuletzt gespürt?
War es nicht gestern? Warum nicht? ...

Zum Schluß lasse ich mich fallen,
überwältigt von der Kraft des Göttlichen,
so wie mein Leib von der Schwerkraft ...

Der Fund

Jesus sagt: „Mit dem Himmelreich ist es wie mit einem Schatz, der in einem Acker vergraben war. Ein Mann entdeckte ihn, und in seiner Freude verkaufte er alles, was er besaß, und kaufte den Acker" (Mt 13, 44).

Ich habe einen Schatz:
das, was mir im Leben das meiste wert ist.
Ich denke noch einmal an die Begebenheiten,
die mich zu dieser Entdeckung führten.

Ich denke an meine Lebensgeschichte
von der Zeit an, als ich den Schatz fand ...
an das, was er für mich getan ...
und was er mir bedeutet hat ...

Ich stehe vor diesem Schatz
– Gott oder Jesus Christus
oder eine Überzeugung, ein Wert, ein Ideal
oder ein Mensch, eine Aufgabe oder eine Sendung –
und ich sage: „Von allem, was ich habe,
bist du mir das Liebste."
Und ich sehe, was mit mir geschieht,
wenn ich dieses Wort ausspreche.

Ich denke darüber nach, wie vieles ich gern täte
oder gäbe – womöglich sogar mein Leben –,
um diesen Schatz zu behalten.
Wenn er mir nicht so wichtig ist,
gebe ich es traurig zu
und hoffe auf den Tag,
an dem ich einen Schatz finden werde,
für den ich aus reiner Freude alles aufgeben würde.

Ich bin ein Schatz.
Eines Tages hat mich irgend jemand irgendwo
    entdeckt.
Ich hätte keine Ahnung von meinem Wert,
wenn mich nicht irgend jemand gefunden hätte.

Ich rufe mir ins Gedächtnis,
unter welchen Umständen
ich gefunden wurde,
und erlebe alles noch einmal ...

Ich bin ein Schatz mit vielen Facetten.
Manches lag in mir verborgen,
was verschiedene Menschen hervorgeholt
und mir gezeigt haben.
Ich sehe mir voll Freude
alles und jedes davon an
und erinnere mich dankbar jener Menschen,
die es entdeckt haben ...

Schließlich stehe ich vor dem Herrn
und finde zu meiner Überraschung,
daß er mich als Schatz betrachtet ...
In seinen Augen sehe ich
den Widerschein der vielen entzückenden Facetten,
die nur er in mir bemerkt haben kann ...
und ich ruhe in der Liebe, die er mir schenkt ...

Das Herz

Ich stelle mir vor, ich gehe nachts in eine Kirche
zur Anbetung des Allerheiligsten.
Einzige Lichtquelle
sind die Kerzen auf dem Altar.
Ich lasse meine Augen auf der Hostie ruhen,
die sich klar und weiß von der Dunkelheit abhebt.

Die Hostie ist wie ein Magnet,
denn sie zieht meine Augen und mein ganzes Sein
zu sich als dem Mittelpunkt hin ...
Die meiste Zeit meines Lebens
konzentriere ich mich auf die Oberfläche,
aber hier blicke ich in das Herz der Dinge,
die Mitte meines Wesens und der Welt.

Wenn ich lange auf die Hostie schaue,
umfängt mich Stille.
Alles Denken hört auf und verliert sich.
Das Schweigen dieser Hostie scheint in meinen Leib
    einzusickern
und sich von dort aus auf die Kirche auszubreiten ...
So ergreift alles in mir und um mich herum Stille.

Als ich dann hinschaue,
brechen Lichtstrahlen aus der Hostie hervor
und dringen in mich ein.
Und ich bin dankbar, denn ich weiß,
daß sie meinen Geist
und mein Unterbewußtsein durchfluten
und mich von allem reinigen werden,
was ich-bezogen und verkehrt und habsüchtig und
    furchtsam ist ...

Während die Kirche weiter in Dunkel gehüllt ist,
ist die Dunkelheit aus meinem Herzen gewichen,
und alles in mir ist durchsichtig geworden.

Nun bringen mir die Strahlen eine heilige Tatkraft,
die sich in meinen ganzen Leib ergießt
und meinen Geist stählt,
um den Forderungen des Lebens standzuhalten.

Und mit dieser Tatkraft
greift ein Feuer auf mich über,
das mein Herz läutert
von Haß, Bitterkeit und Groll
und mir Kraft zum Lieben schenkt ...

Darum halte ich mein Herz
mit großem Verlangen
dieser lebenspendenden Sonne entgegen,
die aus dem Mittelpunkt
der dunklen, stillen Kirche hervorleuchtet.

Die Wüste

Ich schaue auf Jesus in seiner Todesangst
in der Nacht, bevor er starb ...

Ich stelle mich ganz nah zu ihm und sehe,
wie es ihn nach menschlicher Hilfe verlangt ...
aber niemand kann ihn erreichen
– er ist vollkommen sich selbst überlassen,
bevor er stirbt ...

Ich vergleiche damit die Wärme
und Innigkeit des Abendmahlssaales,
wo er noch vor kurzem gewesen war ...

Während ich schaue, wird mir bewußt,
daß der Mensch letztlich nur dann mit Gott,
mit seinem Schicksal und mit sich selbst fertig wird,
wenn er wagt, das Alleinsein zu suchen ...

Ich probiere es bei mir selber aus,
was es heißt, allein zu sein:

Ich lebe in einer Wüste:
keine Bücher ... keine Beschäftigung ...
kein Laut von menschlicher Stimme ...
– einen Tag ... eine Woche ... Monate lang ...
Ich sehe, wie ich reagiere,
wenn ich auf meine eigenen Möglichkeiten
   angewiesen bin ...
wenn mir fehlt, was ich am häufigsten brauche,
wenn ich vor mir selbst davonlaufen will:
Arbeit und menschliche Gesellschaft ...

Dann sehe ich mich in einer einsamen
    Gefängniszelle:
schalldichte Wände, ein enger Raum,
tagsüber nur das trübe Licht einer Glühbirne ...
niemals ein flüchtiger Blick
auf ein menschliches Gesicht ...
oder auf irgendein Lebewesen ...
oder auf Sonne oder Himmel ...
niemals ein Laut von Menschenstimmen
oder aus der Natur ...
wochenlang ... sogar monatelang ...
ohne zu wissen, wann es aufhört ...

Schließlich – bin ich zusammengebrochen:
Ich kann Leute sprechen hören
und ihre Berührung spüren ...
aber ich kann sie nicht erreichen ...

Nun kehre ich ins Leben zurück:
zu meinen Sorgen und zu meiner Arbeit ...
meinen Bequemlichkeiten und Liebhabereien ...
in die Welt der Menschen ...
aber ich merke, daß ich nicht mehr derselbe bin,
weil ich den Härten des Alleinseins ausgesetzt war.

Immer wieder kehrt mein Herz
zu Jesus in seiner Todesangst zurück ...
Ich schaue auf ihn, wie er mit Gott
und mit seinem Schicksal ringt ...
und dieser Anblick gibt mir eine Weisheit,
wie bloßes Denken es nie vermöchte.
So bleibe ich da und schaue ...

Der Vulkan

Ich sehe mich um nach Gurus, geistlichen Führern,
Schriftstellern, Freunden, Umgebungen, damit sie mir
Frieden und Kraft und Sinn für mein Leben vermitteln.
Aber diese äußeren Helfer können niemals die inneren,
tieferen Quellen ersetzen.

Ich suche diese inneren Quellen:
Ich stelle mir vor, ich mache eine Reise
in die tiefste Tiefe meines Wesens.
Drinnen ist alles finster.
Keine Spur von jenem inneren Licht,
von dem die Mystiker sprechen.
Wenn ich in der Mitte angekommen bin,
sehe ich eine auflodernde Flamme,
Sinnbild eines heiligen Feuers,
von dem ich für gewöhnlich gar nichts weiß.

In diesem Lodern der Flamme
ist ein Rhythmus,
und ich höre zu diesem Rhythmus
ein Wort oder Mantra singen ...,
ein Wort wie der Name „Jesus"
oder ein Mantra wie „Mein Gott und mein Alles"
oder „Abba, Vater"
oder „Komm, Heiliger Geist" oder was immer ...
Ich lausche, bis ich den Gesang zu hören glaube ...

> Sollte ich das Mantra bei einer früheren Reise in
> mein Inneres schon einmal gehört haben, kann
> ich mir denken, ich hörte es nun wieder, oder ich
> könnte irgendein anderes Wort oder einen ande-
> ren Satz aus jener Zeit hören ...

Sobald ich das Mantra gehört habe,
singe ich es im Herzen.
Bei jeder Wiederholung
steigt ein tiefer, geheimnisvoller Friede
aus meiner Wesensmitte auf
und verbreitet sich,
bis er mein ganzes Sein erfaßt ...

Der Friede dringt durch meinen Magen,
durch Kopf und Hals ...
Arme und Beine ...
und durch alle Glieder ...
Und jedesmal, wenn ich das heilige Wort ausspreche,
vertieft sich der Friede in mir.
Es ist, als ob ich bei jeder Wiederholung
mein ganzes Sein in Gottes Hände lege.

Nun ergreift mich eine stille Kraft,
sooft ich das Mantra ausspreche,
eine Energie, die sich ganz über mich ausbreitet,
und zugleich ein Gefühl von Vertrauen,
von einem „Ich-kann-alles-in-dem-der-mich-stärkt".

Und alle Ängste schwinden dahin.
Ich sehe mich in Situationen,
denen ich früher aus Schüchternheit und Furcht
ausgewichen bin.
Das Mantra gibt mir Zuversicht und Kraft.

Zum Abschluß dieser Übung steige ich noch einmal
in die Mitte meines Seins hinab,
auf der Suche nach jener Wärme,
die von dem inneren Feuer kommt,
und um in der heiligen Kraft zu bleiben,
die mein Mantra mir geschenkt hat ...

Die Einwilligung

Ich denke an die Worte Jesu beim Verlassen des Abendmahlssaales: „Damit die Welt erkennt, daß ich den Vater liebe – auf, laßt uns gehen!"
Den Vater lieben, das hieß für Jesus, sich seinem Willen in jedem Augenblick hinzugeben.

Ich betrachte diese Hingabe in seiner Passion.
Es scheint, als habe er eine Vorahnung
von der Todesart gehabt, die ihm bestimmt war.
Ich sehe ihn ein paar Tage vor seinem Tod,
wie er ganz allein da sitzt
und jede Einzelheit seines Leidens an sich
    vorüberziehen läßt ...
Und zu jedem dieser Geschehnisse,
die er voraussieht,
höre ich ihn sagen: „Es geschehe."

Ich betrachte die Passion der Menschheit:
die unzähligen Gesichter,
zerstört von Niedergeschlagenheit ...
Einsamkeit ...
und Furcht ...

Und schmerzverzerrte Körper:
Unfälle ...
Krankenhäuser ...
Konzentrationslager ...
Folterkammern ...
Und bei jeder Szene höre ich Christus zu seinem
    Vater sagen:
„Es geschehe."

Jedesmal, wenn ich merke,
daß ich mich beim Anblick von Leiden aufbäume,
denke ich daran, wie Jesus sich in seiner Todesangst
    aufgelehnt hat ...
Und wenn ich auch alles tue,
was in meinen Kräften steht,
um das Leid zu lindern,
lerne ich zu sprechen wie er:
„Es geschehe."

Endlich schaue ich auf mein eigenes Leben:
auf alles, was darin Sinnlosigkeit
und Vergeudung
und Enttäuschung ist ...

Auf alles, was ich gelitten habe,
sei es durch eigenes Verschulden ...
oder durch die Schuld von anderen ...
oder durch das Leben selbst ...

Und zu jeder Szene, die vor meinem Geist ersteht,
    sage ich:
„Es geschehe."

Ich schaue in die ferne, ungewisse Zukunft ...
auf meine Passion ...
und auf meinen Tod ...
Und zu allem, was mir bevorsteht, sage ich:
„Es geschehe."

Die Sendung

Ich denke an die Begebenheit, als Jesus seine Jünger
aussandte, das Reich Gottes zu verkünden, zu heilen
und Dämonen auszutreiben (Lk 10, 1–12).

Ich bin dabei, als er die Namen derer nennt,
die ausgesandt werden ...
Wie ist mir zumute, als ich höre, daß er meinen
      Namen aufruft?
und wenn ich daran denke, daß ich mich ins
      Unbekannte aufmache?

Was für Vorbereitungen treffe ich für meine
      Aussendung?

Vor dem Aufbruch gibt der Herr
jedem einzelnen Gelegenheit
zu einer persönlichen Begegnung.
Als ich seinen liebenden Blick sehe,
spüre ich zu meiner Bestürzung,
daß ich im Begriff bin, die Welt zu bekehren,
während mein eigenes Herz die Bekehrung bitter
      nötig hat.

Wie soll ich anderen Frieden bringen,
wenn in meinem Herzen Konflikte herrschen?
Der Konflikt zwischen dem, was ich wirklich bin
und was ich zu sein scheine ...
was ich selber tue und was ich predige ...
und der tiefste Konflikt von allen:
zwischen dem, was ich tun und sein möchte
und was in meinem Leben geschehen sollte,
und dem, was Gott will ...

Kann ich Gefangene befreien,
wenn mein Herz von ungeordneten Anhänglichkeiten
    umklammert ist ...
von Ängsten vor der Zukunft ...
und Schuldgefühlen wegen der Vergangenheit? ...

Ich soll Vergebung predigen,
während ich verbittert und nachtragend bin ...

Ich will andere für die Wahrheit begeistern,
während ich mich so defensiv verhalte,
hartnäckig auf meiner Meinung beharre
und mich verschließe ...

Wie kann ich anderen Mut zusprechen,
wenn ich ein Feigling bin – sogar in Kleinigkeiten ...
denn ich fürchte mich so sehr, Anstoß zu erregen,
eine Bitte abzuschlagen,
anderer Meinung zu sein.
Und ich hasse Ungefälligkeit und Widerspruch ...

Ich mache mich auf den Weg, um Mitleid zu lehren
– und bin immer bereit, andere zu verurteilen ...
Mir fehlt die Herzensgüte des Herrn,
denn ich sehe vorsätzliche Bosheit,
wo er Unwissenheit und Schwäche sieht.

Bevor ich meine Mission antrat,
kam ich voller Begeisterung zum Herrn,
um seinen Segen zu empfangen.
Nun bin ich verzagt:
Wie kann ich andere bekehren,
wenn ich selber mich noch nicht bekehrt habe?

Ich sage ihm: „Sende mich nicht.
Ich bin nicht würdig."

Was sagt er dazu? ...

Der Tausch

Ich denke an das Pauluswort: „Seid so gesinnt, wie
  Christus Jesus gesinnt war" (Phil 2,5).

Ich bitte den Herrn, mir sein Herz zu geben ...
Ich sehe, wie er mir das Herz von Stein nimmt
und an dessen Stelle sein Herz von Fleisch setzt.

Ich mache nun eine seltsame Erfahrung:
Ich kehre mit dem Herzen eines anderen
in meine eigene Welt zurück.

Ich spüre in mir ein Verlangen nach Gebet.
So eile ich zu meinem gewohnten Gebetsplatz
und fühle, daß mein neues Herz
ganz ungewöhnliche Dinge tut ...

Ich gehe eine belebte Straße entlang.
Da ist überall die gewöhnliche Menschenmenge,
und heute sehe ich sie zu meiner Verwunderung
auf merkwürdige neue Weise ...
Bei ihrem Anblick werden Gedanken und Gefühle in
  mir wach, die ganz anders sind wie sonst ...

Ich mache mich auf den Heimweg
und sehe unterwegs auf neue Weise,
die ganze Natur, Bäume und Vögel,
Wolken und Tiere, mit anderen Augen an.

Zu Hause bei der Arbeit
begegne ich Menschen, die mir unsympathisch sind,
und sehe, daß ich anders reagiere wie sonst ...
Dasselbe geschieht bei Leuten,
die mir früher gleichgültig waren ...

Und ich stelle mit Überraschung fest,
daß ich anders geworden bin,
sogar gegen jene, die mir lieb sind ...

Ich merke, daß ich mit meinem neuen Herzen
Situationen meistere,
denen ich vorher ausgewichen bin.

Es gibt Gelegenheiten,
wo mein Herz vor Zärtlichkeit schmilzt,
und andere, wo es vor Zorn entbrennt ...

Und mein neues Herz macht mich frei:
Ich hänge nach wie vor an vielen Dingen,
aber sie halten mich nicht mehr fest.
Ich fühle, daß ich sie freiwillig aufgeben kann.
Ich probiere es mit Entzücken aus ...

Dann gerate ich zu meiner Bestürzung
in bedrängende Situationen.
Ich werde in Angelegenheiten verwickelt,
die meinem Bequemlichkeitsdrang ein Ende machen,
und ich wehre mich dagegen ...

Schließlich komme ich wieder zum Herrn,
um ihm sein Herz zurückzugeben.
Es war erregend, mit dem Herzen Christi zu leben ...
Aber ich weiß, daß ich es noch nicht ertragen kann.
Ich muß mein eigenes Ich noch etwas abschirmen ...

Doch auch, als ich mein armes Herz zurück nehme,
weiß ich, daß ich ein anderer Mensch geworden bin
weil ich gefühlt habe – wenn auch nur einen
    Augenblick lang –,
was es heißt, dieses Herz in sich zu tragen, und
so gesinnt zu sein, wie Christus Jesus, unser Herr.

Die Enthüllung

Ich bin in einem ganz dunklen Zimmer.
Da erscheint mir Jesus Christus.
Die Erscheinung wird allmählich heller,
bis alles von ihrem Glanz überstrahlt
und jeder Gegenstand in Schönheit verwandelt ist.

Wie ich mich dieser verwandelnden Gegenwart
    aussetze,
sehe ich mich verklärt ...
und ich betrachte eine Weile,
was an mir strahlend geworden ist.

Der Herr deutet auf eine Wand,
auf der ich eine Erscheinung sehe:
Mir wird das Gute gezeigt,
das ich mein ganzes Leben hindurch getan habe
und das durch mich geschehen ist ...

Die Erscheinung verändert sich,
und nun tun sich Räume vor mir auf,
in die ich hineingewachsen bin:
Ängste vertrieben ...
Mißstimmungen überwunden ...
„Unmögliches" möglich gemacht ...

Auf dieser Lichtwand sehe ich nun,
wie schön mein Leben auf jeder Altersstufe war:
Kindheit – Jugend – Reifezeit ...

Und in Symbolen wird mir enthüllt,
was der Sinn meines Daseins ist.
Ständig neue Bilder huschen über die Wand,
und ich schaue und freue mich und staune ...
Ich zähle mindestens ein Dutzend ...

Zu allerletzt wird mir die Schönheit und Bedeutung
des kommenden Tages gezeigt.

Nun verschwindet die Wand,
und ich weiß, daß der Herr zugegen ist ...
bis auch das vergeht
und ich im Dunkeln allein bin,
und mein Herz ist durch das,
was ihm enthüllt wurde,
zum Leben erweckt ...

Der König

Wenige Augenblicke nach Jesu Tod stehe ich auf dem Kalvarienberg, ohne auf die Menge zu achten. Es ist, als wäre ich ganz allein. Meine Augen können sich nicht von dem leblosen Körper dort am Kreuz trennen.

Ich gebe acht, was für Gedanken und Gefühle in mir aufsteigen,
während ich hinschaue ...

Ich sehe den Gekreuzigten von allem entblößt ...
Seiner Würde beraubt,
nackt vor Freunden und Feinden ...

Seines Ansehens beraubt:
Ich denke an die Zeiten und Begebenheiten,
als man gut von ihm redete ...

Des Erfolges beraubt:
Ich erinnere mich an die ersten Jahre,
als man seine Wundertaten rühmte
und das Reich Gottes nahe glaubte ...

Seiner Glaubwürdigkeit beraubt:
Er konnte ja nicht vom Kreuz herabsteigen ...
er konnte sich ja nicht selber retten ...
Also muß er ein Betrüger gewesen sein ...

Aller Hilfe beraubt:
Selbst die Freunde, die nicht davongelaufen waren,
sind machtlos, ihm beizustehen ...

Seines Gottes beraubt:
Jenes Gottes, den er für seinen Vater gehalten hatte,
von dem er Rettung aus dieser Stunde der Not
  erhofft hatte ...

Schließlich sehe ich ihn seines Lebens beraubt,
dieser seiner irdischen Existenz ...
an der er ebenso hing wie wir
und die er schweren Herzens lassen mußte ...

Wie ich so den leblosen Körper ansehe,
begreife ich langsam,
daß ich auf das Sinnbild
der höchsten und vollkommensten Freiheit schaue.
Als Jesus ans Kreuz geheftet wurde,
ist er lebendig und frei geworden:
Gleichnis der Eroberung, nicht der Niederlage.
Es erweckt Verlangen, nicht Mitleid.

Deshalb betrachte ich nun die Hoheit dieses
  Menschen,
der sich von allem befreit hat,
was uns zu Sklaven macht
und unser Glück zerstört ...

Beim Anblick dieser Freiheit
denke ich mit Trauer an meine Sklaverei:

Ich bin Sklave der öffentlichen Meinung.
Ich denke daran, wie abhängig ich
von der Meinung und dem Gerede
der Gesellschaft bin ...

Ich strebe nach Erfolg.
Ich sehe, wie oft ich vor Herausforderungen
und Gefahren davongelaufen bin,
weil ich einen Abscheu davor hatte,
Fehler zu machen – oder zu versagen ...

Ich bin ein Sklave
meines Bedürfnisses nach menschlichem Trost.
Wie oft bin ich
von der Anerkennung und Zustimmung
meiner Freude abhängig ...
von ihrer Bereitwilligkeit, meine Einsamkeit zu
	lindern ...
Wie oft habe ich meine Freunde für mich
	beansprucht
und dabei meine Freiheit verloren ...

Ich denke daran, daß ich auch meinem Gott
	gegenüber versklavt bin,
wie oft ich versuche, ihn mir zunutze zu machen,
um gesichert, unbehelligt und ohne Schmerzen zu
	leben ...

Und auch, wie oft ich Sklave meiner Furcht vor ihm
	bin ...
und das Bedürfnis habe,
mich durch Riten und Aberglauben
gegen ihn abzuschirmen ...

Endlich bedenke ich, wie sehr ich am Leben hänge
und durch Ängste aller Art gelähmt bin ...
unfähig, etwas zu wagen,
aus Furcht, Freunde oder den guten Ruf zu verlieren,
Erfolg oder Leben oder Gott ...

So schaue ich mit Bewunderung
auf den Gekreuzigten,
der in seiner Passion die endgültige Freiheit gewann,
als er mit seinen Anhänglichkeiten rang,
sie aufgab
und siegte.

Ich sehe Scharen von Menschen,
die heute, am Karfreitag,
überall anbetend vor dem Gekreuzigten knien.
Ich halte meine Anbetung hier auf Kalvaria,
ohne im geringsten auf die lärmende Menge zu
    achten.
Ich knie nieder und berühre mit der Stirn den Boden
und bete um die Freiheit und den Sieg,
die aus dem Leib des Herrn am Kreuz
hervorleuchten ...

Und in meinem Gebet
vernehme ich jene Worte,
die in meinem Herzen widerhallen
und mich nicht mehr loslassen:
„Wenn du mir nachfolgen willst,
mußt du dein Kreuz auf dich nehmen ..."
und: „Wenn das Weizenkorn nicht stirbt,
bleibt es allein ..."

Christus

Die Begegnung

Meine Beziehung zu Jesus Christus ist von ausschlag-
gebender Bedeutung, denn ich bin sein Jünger.
In dieser Übung versuche ich, die Beziehung zu vertiefen.

Ich stelle mir vor, man hätte mir gesagt,
daß ich ihn auf einem einsamen Bergesgipfel treffen
     würde,
und ich mache mich sofort dorthin auf ...
Was für Gefühle steigen in mir auf,
wenn ich bedenke,
daß ich bald Jesus Christus begegnen werde? ...

In meiner Bergeinsamkeit schaue ich auf die
     Niederungen hinab ...
bis ich plötzlich merke, daß er da ist ...
Auf welche Weise zeigt er sich mir? ...
Und wie verhalte ich mich in seiner Gegenwart? ...

Ich spreche mit ihm über unsere Freundschaft:

Am besten fängt man an mit dem,
was nicht in Ordnung ist:
Unmut gegenüber einem Freund
hat gewöhnlich zwei Ursachen:
Groll und Furcht.

Ich nehme es meinem Freund übel,
wenn er mir zur Last wird
– wenn er Ansprüche erhebt,
denen ich mich nicht stellen mag:

wenn er Anforderungen stellt,
denen ich ausweichen möchte: meine Freiheit
  einengt:
mir vorenthält, was ich wünsche oder brauche.

Wenn heimlicher Groll in mir lauert,
kann meine Beziehung dadurch gewinnen,
daß er mir bewußt wird.
Darum frage ich mich, ob Jesus eine Last ist:
Ist er ein Freund von der Art,
daß ich Schuldgefühle bekomme,
wenn er sich beschwert? ...
daß er Druck auf mich ausübt,
unzumutbare Anforderungen an mich stellt,
meine Freiheit durch Besitzanspruch beschneidet? ...
Wenn das der Fall ist, sage ich es ihm ganz offen ...
und höre seine Antwort ...
bis ich einsehe, daß nicht er,
sondern mein verzerrtes Bild von ihm
diese Verstimmung hervorgerufen hat ...

Furcht ist das andere ungute Gefühl:
Ich lasse mir von Jesus erklären,
daß ich, wenn ich ihn fürchte, noch lernen muß,
die Unbedingtheit der Liebe zu begreifen
und was es heißt, sich vorbehaltlos geliebt zu fühlen:
zu wissen, daß die vollkommene Liebe die Furcht
  vertreibt ...

Nachdem wir unsere Meinungsverschiedenheiten
  bereinigt haben, gehen wir daran,
die Beziehung an und für sich zu prüfen:

Welche Adjektive könnten unsere Freundschaft am
  besten beschreiben? ...
Selbst wenn sie negativ, vieldeutig, sogar
  widersprüchlich wären ...

so werden sie doch, wenn sie zutreffen,
durch die Einsichten, die sie uns vermitteln,
dazu beitragen, die Beziehung zu vertiefen.

Oder was für Vergleiche? ...
Er und ich entscheiden uns für die Bilder,
die sich am besten dazu eignen,
unsere Freundschaft zu versinnbilden. ...

Von der Gegenwart gehen wir zur Vergangenheit.
Ich denke daran, was Jesus Christus für mich in
    meiner Kindheit gewesen ist ...
und in meinen verschiedenen Entwicklungsstufen ...
Ich denke an die Höhen und Tiefen,
die unsere Freundschaft erlebt hat ...

Unsere Beziehung verlangt noch eines:
Ich lege dar, was ich von ihm erwarte
– meine Erwartung von dem, was er für mich tut ...
und was er für mich ist ...
und was ich mir von ihm wünsche ...

Und ich frage ihn, was er von mir erwartet ...

Nun ist es Zeit für ihn zu gehen.
So schauen er und ich in die Zukunft:
Wie soll unsere Beziehung in Zukunft aussehen?
Kann ich irgendetwas Konkretes dafür tun?

Seine Nähe entschwindet, und ich bleibe auf dem Berg,
um noch eine Weile die Stimmung zu verkosten,
welche die Begegnung mit Jesus
in mir hervorgerufen hat.

Der Ruf

Ich denke an die Zeit,
als Jesus zu Menschen im Evangelium sagte:
    „Komm!"
und höre, wie dieses Wort
mich heute trifft,
und ich antworte ihm.

Als zwei Jünger des Johannes
Jesus fragten, wo er wohne,
sagte er: „Kommt und seht."
Ich rede mit ihm über alles,
was ich seit dem Tag, an dem er mich zum ersten
    Mal zu sich rief,
gesehen habe und was er mir gezeigt hat ...

Dann erinnere ich mich an die Worte des Philippus:
„Zeig uns den Vater, das genügt uns."
Möchte ich, daß er mir noch etwas anderes zeigt?

Jesus sagt zu jedem seiner Jünger:
„Komm, folge mir nach."
Ich frage mich, was die Nachfolge Christi
mir im Lauf der Jahre gegeben hat ...

Ein anderes „Komm":
Jesus sagt den Fischern am See:
„Kommt,
ich will euch zu Menschenfischern machen."
Mir fallen die Anregungen ein,
die ich anderen zuweilen gegeben habe ...
Ich denke an Menschen,
deren Gutsein oder deren Gaben
ich durch meine Liebe hervorgelockt habe ...

Ich denke zurück an die Gelegenheiten,
da ich Glauben weckte, wo Furcht war,
Trost spendete, wo Schmerz war,
Liebe statt Gleichgültigkeit,
Frieden, um den Zorn zu beschwichtigen ...
Ich denke an jene,
die in ihren Alltagssorgen aufgingen,
bis sie durch mich
den Ruf zu Größerem vernahmen ...
Und ich lausche dem Klang der Worte nach:
„Kommt,
ich will euch zu Menschenfischern machen."

„Kommt alle zu mir,
die ihr mühselig und beladen seid,
und ich will euch Ruhe geben."

Eine Einladung, in ihm meine Ruhe zu suchen!
Was für Worte kommen über meine Lippen,
wenn ich ihn diese Worte zu mir sagen höre? ...

Und schließlich: „Wer Durst hat,
komme zu mir und trinke."
Wie stillt man seinen Durst bei Jesus Christus?

Der Herr

Ich überlege, welchen Einfluß Jesus auf die
Menschheitsgeschichte gehabt hat ...

Und auf mein Leben ...

Dann unterhalte ich mich mit ihm:

Ich sage ihm, was mich am meisten bei ihm anzieht ...
und höre, was er mir darauf zur Antwort gibt ...

Ich sage ihm, welche seiner Worte
den größten Eindruck auf mich gemacht
und wie sie mein Leben beeinflußt haben ...

Seine Jünger sprechen manchmal davon,
wie er in ihrem Leben gegenwärtig ist.
Ich denke nach,
was das Wort „Gegenwart" für mich bedeutet ...
Auf welche Weise – wenn überhaupt –
war er mir früher gegenwärtig ...
und wie jetzt? ...

Er sagte, daß er gesandt sei,
um uns lieben zu lehren.
Wie sieht die Liebe aus, die Jesus mich gelehrt hat?
Inwieweit verdanke ich ihm,
daß ich ein Liebender bin? ...

Er hat auch Anspruch darauf erhoben,
gesandt zu sein,
um das Leben der Menschen zu befreien.
Habe ich diese Erfahrung gemacht?

Oder habe ich mich im Gegenteil
durch seine Forderungen und Lehren
beengt und bedrückt gefühlt?
Oder habe ich beides erfahren:
Bedrückung und Befreiung zugleich? ...
In welchen bestimmten Bereichen?

Bevor mein Gespräch zu Ende geht,
frage ich mich,
welchen Einfluß Jesus auf den gestrigen Tag gehabt
    hat ...

Und ich sage ihm,
wie ich mir seinen Einfluß vorstelle
auf alles, was ich heute denke und sage und tue ...

Der Schöpfer

Ich suche mir im Geist einen Ort aus,
an dem ich mit Jesus allein sein kann ...
Was für Gefühle und Reaktionen kommen mir dabei?

Heute will ich mit ihm über den Glauben sprechen:

Glaube ist die Zustimmung der Vernunft
zu einer von Gott geoffenbarten Wahrheit.
Aus den vielen Wahrheiten über Jesus Christus
in der Heiligen Schrift
wähle ich ein paar aus,
die mir besonders wichtig scheinen ...

Dann spreche ich mit ihm
über ein eigenes Glaubensbekenntnis,
das ich selber verfaßt habe ...

Glaube bezieht sich auf das Wort, das Versprechen
    eines anderen.
An wieviele der Versprechen Jesu glaube ich? ...
Auch darüber rede ich mit ihm ...

Glauben heißt vertrauen.
Vertraue ich Jesus?
Ich sage ihm, was das praktisch für mich heißt ...

Wenn ich Jesu Jünger bin, ist es nicht genug,
daß ich an ihn glaube ...
Es ist ebenso wichtig, daß er an mich glaubt.

Ein Freund weckt und schafft in mir eine Eigenschaft,
die er in mir entdeckt.
So schafft ein Liebender seine Geliebte,
ein Meister seinen Jünger.

Glaubt Jesus so an mich?
Was hat er in mir entdeckt und ans Licht gebracht?
Ich meine zu hören, was er mir sagt ...

Als Jesus zum ersten Mal
sein Auge auf Petrus warf,
diesen furchtsamen, impulsiven Menschen,
da sah er in ihm, was niemand vermutet hätte,
und nannte ihn den Fels.
So änderte sich Petrus allmählich
und wurde das, was sein Beiname ausdrückte.

Was für einen Namen findet Jesus wohl für mich?
Ich horche ...
und gehe auf seine Worte ein ...

Das Erkennen

Heute stelle ich mich im Gebet
einer lebenswichtigen Frage:
Wer ist Jesus Christus für mich?

Zu Anfang versetze ich mich in seine Gegenwart –
eine Gegenwart, in der ich ganz und gar
ich selbst sein kann ...

Dann führe ich ein Gespräch mit ihm
und wähle als Gesprächsgegenstand
die Titel, welche die Heilige Schrift ihm gibt:

Der erste hängt mit mit seinem Namen zusammen:
    Erlöser.
Ist Jesus mir ein Erlöser gewesen?
Bei welchen Gelegenheiten? ...
Unter welchen Umständen? ...
Was bedeutet es,
wenn ich ihn mit diesem Titel anrede? ...

Ich teile ihm das Ergebnis meiner Fragen mit ...
Er antwortet ...

Ein anderer Titel, den die Schrift ihm gibt, ist Herr.
Ich sage ihm, was es für mich bedeutet, ihn Herr zu
    nennen ...
und er erläutert es ...

Die Schrift nennt ihn Lehrer.
Ich denke nach, was für Lehren er mir gegeben hat
und frage ihn, wie er meine Rolle als Schüler
    beurteilt ...

Und diese Titel gab Jesus sich selber:
Ich bin die *Auferstehung* und das *Leben.*
Kann Jesus mit Recht sagen, daß er mein Leben ist?
Welche Bedeutung hat das für meinen Alltag? ...

Er gab sich auch den Namen Freund:
„Ihr seid meine Freunde,
denn ich habe euch alles kundgetan,
was ich von meinem Vater gehört habe."
Was hat er mir als Freund kundgetan? ...

Jetzt lege ich die Heilige Schrift beiseite
und lasse mein Herz aus eigener Erfahrung sprechen.
Es denkt sich selbst einen Titel aus ...

Und ich gebe acht, was er dazu sagt ...

Die Antwort

Ich lausche auf die Geräusche ringsum ...
eine gute Vorbereitung,
um auf das Evangelium zu lauschen.

Nun höre ich, wie Jesus mir einige Worte sagt,
die er zu den Menschen im Evangelium
gesprochen hat.
Er sagt: „Für wen hältst du mich?"

> Ich beantworte diese Worte nicht sogleich.
> Ich lasse sie eine gute Weile
> immer und immer wieder
> in meinen Ohren nachklingen ...
> und gebe acht, wie mein Herz sich verhält ...
> Erst, wenn ich nicht länger
> an mich halten kann,
> reagiere ich
> – mit einem einzigen Wort ...
> oder schweigend ...

Ebenso mache ich es mit anderen Schriftworten:

„Liebst du mich?"

„Komm, folge mir nach."

„Schon so lange bin ich bei euch,
und du kennst mich nicht?"

„Glaubst du?
Alles ist möglich für den, der glaubt."

Der Pionier

Zu Anfang lese ich aufmerksam Lukas 4,14–30:
Jesus in seiner Vaterstadt.

Ich schaue auf das Dorf Nazareth ...
seine Lage ... die Wohnungen ...
die Synagoge ... den Dorfbrunnen ...

Ich sehe die Aufregung, als es sich herumspricht,
daß der junge Prophet nach Hause kommt ...
Ich sehe auch die Vorbehalte, die Zweifel ...
Jesus trägt sogar in seine Vaterstadt Entzweiung ...
selbst während seiner Abwesenheit ...

Er entzweit nicht gerade die Guten mit den Bösen,
vielmehr die Guten untereinander,
denn ich beobachte, wie die Leute in gutem Glauben
sich gegen ihn stellen,
Leute, die offenbar allen Grund haben,
sich ihm zu widersetzen.
Ich höre mir die Argumente eines dieser Menschen an,
der schließlich nicht der Schlechteste zu sein scheint.

Ich sitze in der überfüllten Synagoge
und spüre die Spannung, die Erwartung,
als Jesus eine Stelle aus der Schriftrolle auslegt ...
Sogar seine Gegner scheinen getroffen zu sein
von den begnadeten Worten, die er sagt ...
Ich bin überglücklich, daß er sie gewonnen hat ...

Und ich bin ganz verzweifelt, als er zum Angriff
    übergeht ...
Warum fordert er die Auseinandersetzung geradezu
    heraus?

Ich sehe die Wut der Menge
und schaue traurig zu,
wie er aus dem Dorf hinausgestoßen wird ...

Nun sitze ich ganz allein bei Jesus,
nachdem alles vorüber ist.
Ich, der Jünger, bin voller Fragen.
Er, der Meister, antwortet.
„Woher nimmst du deinen Mut?" frage ich,
und: „Hast du jemals Angst?"

Dann: „Warum machst du sie dir zu Feinden?"

„Wie kommt es, daß deine eigenen Verwandten
dich nicht erkennen?"

„Bin auch ich einer von denen,
die dich nicht erkennen?"

Als Antwort zeigt er mir Menschen,
mit denen ich zusammenlebe
und deren Heiligkeit ich nicht erkenne,
weil ich mich zu sehr an ihrem Versagen und an
    ihren Schwächen aufhalte.
Dann erwähnt er aufs Geratewohl
ein paar Vorkommnisse
und öffnet mir die Augen, damit ich erkenne,
wieviel Gnade sie bergen,
die ich nicht erkannt habe,
weil sie so banal zu sein schienen ...

Meine letzte Frage:
„Kann ich jemals zu der Quelle gelangen, Herr,
aus der deine Worte und deine Weisheit fließen? ...
Kann ich jemals die Quelle deines Mutes finden?"

Was sagt er dazu?

Das Versprechen

Früher hatten die Heiligen die Gewohnheit,
die sogenannte geistliche Kommunion zu empfangen
– die Kommunion des Verlangens.

Ich versuche das gleiche.
Ich versetze mich in die Szene
beim Letzten Abendmahl ...
so, als ob ich dabei wäre.

Ich beobachte Jesus,
wie er das Brot in seine Hände nimmt,
es segnet und austeilt.
Während ich es aus seinen Händen empfange,
denke ich darüber nach,
was ich mir von diesem Brot erwarte ...

Dann spricht Jesus mit uns, seinen Jüngern.
Seine Worte gehören wesentlich
zum Essen jenes Brotes dazu.
Deshalb lausche ich aufmerksam:

Zuerst gibt er uns ein neues Gebot
– einander so zu lieben, wie er uns geliebt hat.
Ich bete, daß dieses Brot
meine Liebesfähigkeit vermehre ...
und ich überdenke, was Liebe für mich bedeutet
und welchen Platz ich ihr in meinem Leben
    einräume.

Wenn wir dieses Brot essen,
diesen Leib, der für uns gebrochen wurde,
dann nehmen wir unvermeidlich teil
an Jesu Leiden und Sterben.

Ich höre, wie er voraussagt, daß wir verfolgt werden,
sogar von unseren Angehörigen ...
So bitte ich um den Mut,
der die Märtyrer aufrechtgehalten hat,
und um die Kraft, zu leben und zu reden,
wie er es tat ...

Er macht bei diesem heiligen Mahl ein Geschenk:
Frieden.
nicht den Frieden der Welt, sagt er,
sondern seinen Frieden.
Ich erwäge den Sinn dieser Worte ...
und erbitte dieses Geschenk für mich
und für alle, die ich liebhabe ...

Dann gibt er uns ein Versprechen.
Wir werden Bedrängnis haben, sagt er,
und die Welt wird sich freuen,
„aber ich werde wieder zu euch kommen,
und dann wird euer Herz sich freuen,
und niemand kann euch diese Freude nehmen."

Ich bete, daß durch dieses Brot,
das ich gegessen habe,
ich die frohmachende Gegenwart des auferstandenen
   Herrn
in allem Auf und Ab des Lebens erfahre ...
Ich male mir künftige Situationen aus,
in denen ich seine Nähe brauchen werde,
und ich vertraue, daß er mir dann nahe sein wird ...

Nun beginnt er, für uns zu beten.
Ich höre zu und mache mir sein Gebet zu eigen.
Er betet, daß wir alle eins seien,
wie er und der Vater eins sind,
damit die Welt daran erkennen kann,
daß er von Gott gekommen ist ...

Ich bete, daß dieses Brot die Einheit
in jeder Gruppe stärkt, in der es gegessen wird ...

Jesus spricht lange und bis spät in die Nacht hinein.
Endlich ist das Abendmahl vorüber.
Jetzt nimmt er einen Becher Wein.
Ich lausche den Worten, die er über den Becher
   spricht ...
Der Becher wird von Hand zu Hand weitergereicht,
und als ich an der Reihe bin zu trinken,
bete ich darum, berauscht zu werden
und mich in Liebe zu verlieren ...

Leben

Die Erlösung

Es kommt mir zu Bewußtsein,
daß ich in diesem Raum bin ...
ich spüre die Empfindungen in meinem Körper ...
und die Berührung der Kleider, die ich trage ...
und des Stuhls, auf dem ich sitze ...
Ich gewahre alle Töne um mich her ...
und von meinem Atem ...

Und ich nehme zur Kenntnis, daß ich lebe ...

Ich stelle mir eine Pflanze oder ein Tier in voller
    Lebenskraft vor ...
Ich denke an einen Menschen in der Vollkraft seines
    Lebens ...
Welche Eigenschaften entdecke ich in diesem
    Menschen? ...
Was bedeutet es für mich, in voller Lebenskraft zu
    stehen? ...

Eines ist sicher:
Ganz lebendig sein umfaßt den Verzicht
auf die eigene Vergangenheit
und die eigene Zukunft.

Die Vergangenheit. Gestern.
Ich kann nicht lebendig sein,
wenn ich am Gestern hänge,
denn gestern ist eine Erinnerung,
ein Gedankengebilde.
Es ist keine Wirklichkeit.
Also heißt im Gestern leben: tot sein.

Darum lasse ich meine Vergangenheit fahren,
meine Verliebtheit in das Leben von gestern.
Eine Art von Leben in der Vergangenheit
ist das Festhalten an unangenehmen Dingen.
Als einen ersten Schritt,
um voll in der Gegenwart zu stehen,
mache ich mir ein Verzeichnis von Leuten,
denen ich etwas nachtrage ...
Ich biete ihnen allen Straferlaß und Verzeihung an
und lasse sie ihres Weges gehen ...

Es wird aber keine Verzeihung geben,
wenn ich der Meinung bin,
daß nur die anderen Schuld haben
und ich mir nichts vorzuwerfen brauche.
Ich muß mich als mitverantwortlich
mit dem Beleidiger betrachten
sowie mit jeder Kränkung, die mir zugefügt wurde.

Es ist schwer, einem Menschen zu verzeihen,
dessen Kränkung ich für durch und durch böswillig
    halte.
In Wirklichkeit hat seine Beleidigung mir gut getan.
Er war ein Werkzeug, das Gott benutzt hat,
um mir Gnade zu schenken,
so wie Judas ein Werkzeug war in Gottes Hand,
um der Menschheit Gnade zu schenken
und Jesus Christus.

Wenn ich aufhören will,
in der Vergangenheit zu leben,
dann muß ich ebenso entschieden
alles Bedauern aufgeben wie allen Groll.
Was ich immer wieder als Verlust ansehen möchte:
mein Versagen, meine Fehler,
mein Unvermögen,

die versäumten Gelegenheiten in meinem Leben,
meine sogenannten schlechten Erfahrungen ...
all das muß ich als Segen zu erkennen lernen.
Denn im Reigen des Lebens
gereichen uns alle Dinge zum Guten.

Habe ich meinen Groll
und mein Bedauern aufgegeben,
so lasse ich auch
meine guten Erfahrungen hinter mir.
Man kann Erfahrungen wie irdische Güter anhäufen,
und wenn ich mich an sie klammere,
lebe ich sofort wieder in der Vergangenheit.
So sage ich Lebewohl zu Menschen ...
Orten ...
Beschäftigungen ...
Dingen, die ich mir von früher aufbewahrt habe.
Wir werden uns nie wieder begegnen,
denn wenn ich zurückkomme,
werden sie sich verändert haben.
Ich werde mich verändert haben,
alles wird anders sein.
Also, lebt wohl ... ich danke euch, und lebt wohl ...

Ich habe meine Gestern zurückgelassen.
Nun muß ich mich noch
von meinen Morgen befreien,
denn die Zukunft
ist ebenso tot wie die Vergangenheit
– ein Gedankengebilde –,
und darin zu leben heißt: hier und jetzt tot sein.
Deshalb entsage ich meiner Gier
und all meinem Ehrgeiz,
zu erwerben,
zu vollenden,
es einmal zu etwas zu bringen ...

Leben ist nicht morgen; Leben ist jetzt.
So wie Liebe ... und Gott ... und Glück ...

Ich denke an Dinge, die ich haben möchte und
    begehre (für morgen),
und stelle mir vor, daß ich sie alle wegstoße ...
Selige Erleichterung –
denn wenn ich meine Gier abschüttele,
dann schüttele ich die Sklaverei meiner Angst ab
und bin frei für das Leben.
Ich lasse mir etwas Zeit, um diese Erleichterung
und Freiheit zu verspüren ...

Wenn ich mich von der Vergangenheit und der
    Zukunft gelöst habe,
komme ich in die Gegenwart
und erfahre das Leben so, wie es jetzt ist,
denn das ewige Leben ist jetzt,
das ewige Leben ist hier:
Ich lausche auf die Töne um mich herum ...
ich gewahre, wie ich ein- und ausatme ...
ich spüre meinen Körper ...
um so vollkommen wie möglich gegenwärtig zu sein.

Das Ausgesetztsein

Ich denke nach, wann ich zum Leben erwache ...
und wann ich tot bin ...

Ich überlege, wie ich aussehe,
wenn ich voller Leben bin ...
und in Zeiten, in denen ich tot bin ...

Leben verabscheut Sicherheit:
denn Leben heißt,
sich der Gefahr aussetzen,
sogar dem Tod.
Jesus sagt: Wer sein Leben in Sicherheit bringen will,
wird es verlieren;
und wer bereit ist, sein Leben zu verlieren,
wird es bewahren.

Ich denke an die Zeiten,
in denen ich vor Gefahren zurückgewichen bin,
bequem und in Sicherheit war ...
Das waren Zeiten des Stillstands.

Ich denke an andere Zeiten,
wo ich wagte, ein Risiko einzugehen ...
Fehler zu machen ...
ein Versager zu sein ... und ein Narr ...
von den Leuten kritisiert zu werden ...
Verwundungen auf mich zu nehmen ...
und anderen weh zu tun ...
Ich war lebendig!

Leben ist für den, der wagt.
Der Feigling stirbt.

Leben steht im Widerspruch
zu meiner Auffassung von Gut und Böse:
dies ist gut und erstrebenswert,
jenes ist schlecht und verwerflich.
Vom Baum der Erkenntnis von Gut und Böse essen
    heißt Vertreibung aus dem Paradies.
Ich muß lernen anzunehmen, was immer das Leben
    bringen mag,
Lust und Leid, Schmerz und Freude.
Denn wenn ich mich dem Leiden verschließe,
stirbt meine Fähigkeit zur Freude
– ich verhärte mich
und verdränge, was ich für unangenehm und
    unerwünscht halte,
und in dieser Härte und Verdrängung
liegen Starre und Tod.

Deshalb beschließe ich, in allem die Fülle zu
    verkosten,
den gegenwärtigen Augenblick auszuschöpfen
und kein Erlebnis gut oder schlecht zu nennen.
Solche Erlebnisse, vor denen ich schaudere
– ich denke an ganz bestimmte ...
will ich so viel wie möglich auf mich zukommen
    lassen
und mich nicht mehr gegen sie auflehnen ...

Leben geht Hand in Hand mit Verwandlung.
Was sich nicht wandelt, ist tot.
Ich denke an Menschen, die wie Fossilien sind.
Ich denke an Zeiten, wo ich versteinert war ...
keine Veränderung, keine Neuheit ...
dieselben alten, überholten Ansichten
und Verhaltensmuster, dieselbe Mentalität,
dieselben Neurosen, Gewohnheiten, Vorurteile ...

Tote haben eine eingefleischte Furcht
vor Veränderung.
Was hat sich in den letzten sechs Monaten
in mir verändert?
Was wird sich heute verändern?

Ich beschließe diese Übung,
indem ich die Natur um mich herum betrachte:
so beweglich, so fließend, so gebrechlich,
so ungesichert,
dem Tod ausgeliefert – und so lebendig ...

Ich betrachte sie eine ganze Weile ...

Das Königreich

Ich stelle mir vor,
ich betrete eine tiefe dunkle Höhle,
in der ich völlig allein bin.
Ich setze mich in eine Ecke
und denke über das Leben nach.

Heute will ich das Leben in seiner Gebrochenheit
und Nutzlosigkeit und Vergeudung sehen:

Ich stelle mir Blumen am Wegrand vor
und sehe die Samenkörner,
die nie zu Boden fielen,
die zarten Triebe,
die nur aufgesprossen sind,
um von den Menschen zertreten,
vom Vieh gefressen und von der Sonnenhitze
    versengt zu werden.
Für eine einzige Blume, die aufblühen wird,
müssen in jedem Wachstumsstadium
Tausende zugrundegehen ...

Ich sehe Trillionen von verschwendeten Eiern
und getöteten Ungeborenen
und Kindern, die zum Sterben geboren wurden ...
für jeden Menschen, der überlebt.

Ich sehe die vergeblichen Anstrengungen
von Millionen, die danach streben, Schauspieler,
Schriftsteller, Staatsmänner, Heilige zu werden ...
und schließlich scheitern ...
für die Handvoll jener, die ans Ziel kommen.

Ich habe mir selbst zuzuschreiben,
wo ich heute stehe ...
nach vielen vergeudeten Stunden von Stumpfsinn ...
nutzlosen Unterhaltungen ... Zeitvertreib ...
Krankheiten, die mich aufhielten ...
oder Leiden,
die ich mir törichterweise selber zugezogen habe ...
   durch verschwendete Energie,
die ich auf unnütze Pläne verwendete ...
auf fruchtlose Unternehmungen ...

Ich betrachte die Myriaden von Gelegenheiten,
die ich versäumt habe,
von Talenten, die ich brachliegen ließ ...
von Herausforderungen,
die ich nicht anzunehmen wagte ...
von Versprechen, die nie ernst gemeint waren
und, was noch schlimmer ist,
die niemals gehalten werden ...

> Ich sehe das alles nicht mit Trauer,
> nicht mit Schuldbewußtsein,
> vielmehr mit geduldigem Verständnis,
> denn ich will mein Leben ja ebenso
> mit seinem Versagen wie mit seinen Erfolgen
>   lieben.

Und ich erinnere mich an das Gleichnis, das der Herr
   uns vom Königreich gab:
Der Sämann geht aus, seinen Samen zu säen;
ein Teil der Körner fällt auf felsigen Grund,
ein anderer in die Dornen und Disteln,
ein anderer auf den Weg und wurde zertreten
oder die Vögel des Himmels fraßen die Körner,
und ein anderer Teil bringt hundertfach Frucht,
vielleicht auch weniger,
nur dreißigfach oder sechzigfach ... (vgl. Mt 13,4–8)

102

Ich liebe alles an diesem Feld.
Ich liebe den felsigen Grund
und die fruchtbare Erde,
den Weg
und die Disteln und Dornen,
denn all das ist ein Teil meines Lebens.

Ich liebe den Samen, der so ungeheuer fruchtbar ist,
und den Samen,
der nur einen Durchschnittserfolg hat ...
Heute liebe ich besonders
den Samen, der nur ausgestreut wurde,
um vernichtet zu werden,
damit er von meiner Liebe gesegnet und erlöst wird,
bevor er in Vergessenheit gerät ...

Endlich blicke ich auf den Erlöser am Kreuz,
der in seinem zerbrochenen Leib
und in seiner gescheiterten Sendung
das Drama des Lebens im allgemeinen
und meines Lebens im besonderen versinnbildet ...
Ich liebe auch ihn,
und da ich ihn an mein Herz drücke,
verstehe ich, daß irgendwo, irgendwie
das alles einen Sinn hat,
daß alles das erlöst und verklärt
und auferweckt ist ...

Der Bettler

Wenn ich bedenke,
wie lange ich schon am Leben bin,
dann bin ich betroffen
von der Ungerechtigkeit des Lebens:
Andere haben viel kürzer gelebt
(ich denke an Menschen, die ich gekannt habe),
manchen war nur eine Stunde zu leben vergönnt ...

Ich erinnere mich an meine Kindheit ...
und an die verschiedenen Altersstufen ...
Ich bin tatsächlich über alles Erwarten,
über alles Verdienst gesegnet gewesen!

Ich denke an die Erfahrungen,
die mir das Leben gebracht hat
– glückliche, die mein Herz erfüllten ...
schmerzliche, die mich reifen ließen ...

An die Entdeckungen, die ich gemacht habe ...

An die Menschen, denen ich begegnen durfte ...

An meine Talente und Fähigkeiten –
an Gesicht und Gehör ...
Geruch ... und Geschmack ... und Gefühl ...
und Verstand ... und Willen ... und Gedächtnis ...
und die Glieder ... und Organe meines Leibes ...

Wenn ich heute sterben müßte,
hätte ich wahrhaftig mehr vom Leben gehabt
als den Anteil, der mir zustand ...
Was immer das andere Leben für mich bereithält,
ist ein zusätzliches, gänzlich unverdientes Geschenk.

Wenn ich das zugegeben habe, mache ich mir klar,
daß ich wieder einen Tag zu leben und zu genießen
    habe ...
Ich sehe mich durch den Morgen gehen ...
durch den Nachmittag ...
und den Abend ...
und ich preise dankbar mein gutes Geschick ...

Ich denke an den Menschen,
der mir unter allen, die heute leben, der liebste ist ...
und wie er mein Leben bereichert hat ...

Morgen kann ich ihn vielleicht schon verlieren ...
so hinfällig ist das Leben ...

Und wenn ich ihn verlöre,
so hätte ich keinen Grund zur Klage.
Ich hätte ihn ja bis jetzt gehabt ...
Gott weiß, daß ich keine einzige Stunde ein Anrecht
    auf ihn hatte ...
Das Leben ist ungerecht gewesen:
Ich denke an jene,
die niemals den Reichtum besaßen,
den dieser Mensch mir geschenkt hat ...
Ich sage es ihm im Geist
und sehe, was dann geschieht ...

Jetzt wird mir bewußt,
daß er für einen weiteren Tag hier ist ...
und ich bin dankbar.

Die Entdeckung

Angenommen, man sagte mir,
daß ich in sechs Monaten blind würde ...
Ich beobachte, wie ich mich dazu stelle ...

Ich mache mir ein Verzeichnis von Menschen ...
Orten ... Dingen ...
die ich noch einmal sehen möchte,
um sie meinem Gedächtnis einzuprägen, ehe ich
mein Augenlicht verliere.
Was fühle ich bei dem Versuch,
sie jetzt im Geist vor mir zu sehen? ...

Nun verbringe ich einen gewöhnlichen Tag:
Aufstehen, fahren, essen, lesen ...
als Blinder,
und beobachte dabei alle meine Gefühle und
Gedanken ...

Wie wirkt sich die Blindheit auf meinen Beruf aus ...
auf meine Beziehung zu anderen? ...

Ich nehme mir vor, mein Leben so fruchtbar und
glücklich zu machen,
wie es war, ehe ich meine Sehkraft verlor ...
und sehe zu, was dieser Vorsatz mir einbringt ...

Blinden gelingt es oft zu sehen,
was sie entbehrten, solange sie noch ihr Augenlicht
hatten.
Ich suche solche Dinge ...

Zum Abschluß dieser Übung erwäge ich,
wie reich mich meine Sehkraft gemacht hat:

Wäre ich der Mensch, der ich heute bin,
wenn ich nie den Sonnenaufgang gesehen hätte
oder den Mond
oder blühende Blumen
oder menschliche Gesichter? ...
Ich lasse mein Herz
zu Szenen von Schönheit zurückkehren,
an denen es sich dank meiner Augen gelabt hat ...

Wenn das Herz der Kontemplation das Staunen ist:
Wieviele mystische Augenblicke haben meine Augen
  mir geschenkt
Ich suche sie auf ...

Ich wende mich Momenten von Liebe und
  Zärtlichkeit zu,
die ich nicht hätte empfangen
– oder geben können,
hätte ich keine Augen gehabt ...

Ich male mir aus, wie mein Leben wäre
ohne das Wissen ...
und die Freude ...
die ich beim Lesen empfand.

Zuletzt frage ich mich,
wie ich meine Augen heute gebrauchen will ...

Das Erwachen

Ich stelle mich so,
als sei ich von den Schultern ab gelähmt ...
und beobachte dabei aufmerksam meine Umgebung
und meine eigenen Gedanken und Gefühle ...

Ich sehe, was durch meine Lähmung anders
    geworden ist:
meine Arbeit und mein Beruf ...
meine Bekanntschaften ...
meine Selbsteinschätzung ...
mein Verhalten mir gegenüber ...
mein Gebetsleben, meine Gottesbeziehung ...
meine Lebensauffassung –
ich beobachte meine Reaktion zum Beispiel
bei den Tagesnachrichten ...
mein Verhalten und meine Wertmaßstäbe
in Bezug auf Arbeit ... Zeit ... Leistung ... Liebe ...
Entfaltung ... Leben ... Fortschritt ...
Tod ...

Ich betrachte einen gewöhnlichen Tag
vom Augenblick des Erwachens am Morgen
bis zum Einschlafen am Abend:
meinen ersten Gedanken beim Aufwachen ...
meine Mahlzeiten ...
meine Körperpflege ...
meine Arbeit ...
und Sorge für die Gesundheit ...
meine Erholung ...
Gebet ...

Am Abend nehme ich mir ein paar Minuten,
um zu danken.

Ich bin dankbar für das Geschenk der Sprache:
Ich kann meine Bedürfnisse und Gefühle
    ausdrücken,
ich kann mich mit anderen verständigen,
sogar ihnen helfen ...

Und für das Gehör:
Ich kann Musik hören
und den Gesang der Vögel
und menschliche Stimmen ...

Und das Sehvermögen:
Ich kann Blumen sehen
und Bäume ...
und Sterne bei Nacht ...
und die Gesichter meiner Freunde ...

Ich bin voller Dankbarkeit für den Geschmack
und den Geruchsinn ...
und den Tastsinn ...
für Verstand ...
und Gedächtnis ...
und Fantasie ...
und Gefühl ...

Jetzt ist es an der Zeit,
für die Lähmung selbst dankbar zu sein:
Ich sehe, wieviel Segen sie mir gebracht hat,
bis ich sie selbst als einen Segen ansehen kann ...
Wenn ich das erreiche,
dann habe ich einen Augenblick reinster Mystik
    verkostet,
nämlich die Hinnahme von allem, was es gibt.

Nun denke ich darüber nach,
was ich in meinem Leben nicht verwinden kann,
was mir widerstrebt:
Ein körperliches Gebrechen ...
eine Krankheit ...
eine unvermeidliche Situation ...
ein bestimmter Lebensumstand ...
ein Ereignis aus der Vergangenheit ...
eine Person ...

Und Schritt für Schritt mache ich es mit ihnen
wie mit meiner „Lähmung":
Ohne meinen Wunsch und meine Anstrengungen
    aufzugeben,
wenn irgend möglich, von ihr befreit zu werden,
gelingt es mir, dankbar dafür zu sein ...
für alles und jedes ...

Die Fata Morgana

Ich gehe in eine Wüste, wo Sand und Himmel
sich ins Unendliche erstrecken ...
und ich bin ganz allein ...

Einsamkeit ist ein Liebesbeweis, eine Freundlichkeit
   gegen mich selbst.
Hier lenkt mich nichts ab.
So gönne ich mir die Zeit, an mich zu denken
und nett und freundlich mit mir zu reden ...

Einsamkeit weitet den Blick:

Vor 3000 Jahren gab es Menschen auf der Erde,
die ebenso große Probleme hatten wie ich
– oder gar noch größere.
Ich versetze mich in jene Zeiten
und sehe diese Menschen ...
Wo sind sie jetzt? Ich suche Spuren von ihnen ...

Heute in 3000 Jahren
komme ich wieder auf die Erde.
Die alten, vertrauten Orte sind von der Wüste
oder vom Dschungel verschlungen ...
oder von einem Volk bewohnt,
dessen Sprache, Ernährung und Lebensgewohnheiten
mir gänzlich fremd sind ...
Sogar die Namen meiner Vaterstadt und meines
   Landes
sind verändert:
Ich stehe an derselben Stelle wie jetzt
– vorausgesetzt, daß ich sie wiederfinde –
und schaue auf meine Probleme
von vor 3000 Jahren zurück!

Einsamkeit gewährt Abstand ...
Abstand macht gelassen ...
Und so sehe ich mit Gelassenheit auf das,
was der heutige Tag mir bringen wird,
bevor ich die Wüste verlasse.

Der Fluß

Ich schaue zum Himmel auf und sehe
den Morgenstern hell am Firmament scheinen.
Ich sinne nach, was er sehen mag,
während er so auf mich und meine Umgebung
und auf diesen Teil der Erde hinunterschaut.

Ich stelle mir vor, was er
vor tausend Jahren,
vor fünftausend ...
hunderttausend ...
fünf Millionen Jahren gesehen haben muß ...

Ich versuche mir vorzustellen,
was der Morgenstern in tausend Jahren,
in fünftausend ...
hunderttausend ...
fünf Millionen Jahren ...
am heutigen Datum sehen wird.

Ich lasse die verschiedenen Phasen meines Lebens
an mir vorüberziehen:
Kindheit, Jugend, Reifezeit, Erwachsenenalter,
Lebensmitte ...
eine nach der anderen auf folgende Weise:

Ich suche nach Dingen, die mir
in jeder dieser Lebensphasen
unermeßlich wichtig erschienen ...
Dinge, die mir Kummer und Angst bereitet haben ...
Dinge, an die ich mich hartnäckig klammerte ...
Dinge, von denen ich glaubte,
nie mit ihnen leben zu können ...
oder ohne sie ...

Wenn ich aus dem Abstand von heute zurückschaue,
frage ich mich:
Wieviele von jenen Anhänglichkeiten und Träumen
und Ängsten
halten mich noch so im Bann wie damals?

Dann überdenke ich
einige meiner heutigen Probleme ...
einige meiner jetzigen Leiden ...
und ich sage bei jedem:
„Auch das geht vorüber."

Ich denke an Dinge, an denen ich hänge ...
oder die ich mit Beschlag belege ...
Ich werde mir bewußt, daß sicher ein Tag kommt,
an dem ich sie in anderem Licht sehen werde.
So sage ich mir bei allem, woran ich hänge:
„Auch das geht vorüber."

Ich mache ein Verzeichnis von den vielen Dingen,
vor denen ich mich fürchte ...
und sage bei jedem:
„Auch das geht vorüber."

Zum Schluß sehe ich mich
mit dem Ernst ... und dem Eifer ...
mit denen ich mich in ein Drama
oder in ein Wettspiel stürze,
wieder an meine täglichen Beschäftigungen gehen ...
ganz in Anspruch genommen,
ganz vertieft ...
aber nie am Ertrinken ...

Der Wesenskern

Tausende sind in der letzten Nacht
irgendwo auf der Welt gestorben.
Ich stelle mir einige solcher Tode vor:
gewaltsame ... friedliche ...
In mir brennt noch das Lebenslicht ...
Wie lange möchte ich es noch brennend erhalten? ...

Wenn ich mir die Umstände meines Todes wählen
    könnte,
was würde ich wählen?
Welchen Ort? ...
Welche Tageszeit? ...
Welche Jahreszeit? ...
Möchte ich lieber im Wachen oder im Schlafen
    sterben? ...
Allein oder von Menschen umringt? ...
Von welchen Menschen? ...
Was möchte ich beim Sterben denken ... oder sagen?

Ich zähle auf,
was ich beim Sterben am meisten vermissen werde:

Nicht gerade hohe und erhabene Dinge
wie Liebe und Schönheit,
vielmehr Kleinigkeiten wie der Duft von
    frischgebackenem Brot,
das Rauschen des Regens ...
das Rascheln einer Decke ...
den Geschmack von Kaffee ...
meine Lieblingszeitschrift ...

Ich denke mir in Liebe und Dankbarkeit
eine Menge solcher Dinge aus ...

Und ich denke, wieviele davon
ich in den vor mir liegenden Tagen
wahrscheinlich noch erleben werde ...

Auf wieviele Erfahrungen werde ich zurückblicken,
wenn mein Leben zuende geht,
und sagen: „Hätte ich nur das erlebt,
so wäre mein Leben nicht umsonst gewesen."? ...

Und von wievielen meiner Taten werde ich sagen:
„Hätte ich nur dies eine getan,
so wäre es wert gewesen zu leben."? ...

Ich erlebe und verkoste noch einmal
diese Erfahrungen und diese Taten ...

Schließlich wende ich mich an Gott,
um ihm im Schweigen oder in Worten zu sagen,
was mir am meisten auf dem Herzen liegt ...

Die Gute Nachricht

Ich stelle mir vor,
ich hätte nur noch ein paar Tage zu leben ...
Ich darf mir einen oder zwei Menschen wählen,
mit denen ich diese letzten Tage verbringe.
Ich treffe die schwierige Wahl ...
dann spreche ich mit diesem Menschen
und erkläre ihm, warum ich ihn gewählt habe ...

Ich darf mit allen Leuten, mit denen ich will,
drei Minuten telefonieren ...
oder jedem eine schriftliche Nachricht geben ...
Wen wähle ich? ... Was sage ich? ...
Was wird jeder antworten? ...

Zum letzten Male habe ich Gelegenheit,
auf Menschen zuzugehen,
die mir unsympathisch oder gleichgültig waren.
Wenn ich das fertigbringe:
was sage ich einem jeden jetzt, da ich fühle,
daß ich an der Schwelle der Ewigkeit stehe? ...

Man fragt mich,
ob ich noch einen letzten Wunsch habe.
Habe ich einen? ...

Ein Freund sagt mir, daß er die Absicht hat,
bei meinem Begräbnis eine Gedenkrede zu halten.
Ich schlage ihm ein oder zwei Gedanken vor.

Eines Tages bin ich allein in meinem Zimmer
und denke an all das in meinem Leben,
wofür ich besonders dankbar bin ...
und worauf ich stolz bin ...

Dann wende ich mich den Dingen zu, die ich bereue
und am liebsten ungeschehen machte ...
besonders meine Sünden ...

Während ich mich damit befasse,
kommt Jesus herein.
Seine Nähe bringt mir selige Freude und Frieden ...
Ich erzähle ihm einiges aus meinem Leben,
was mir leid tut ...
Er unterbricht mich mit den Worten:
„All das ist vergeben und vergessen.
Weißt du nicht, daß die Liebe das Böse nicht
   nachträgt?" (1 Kor 13,5)
Dann fährt er fort:
„Deine Sünden sind tatsächlich nicht nur vergeben,
sie sind sogar in Gnade verwandelt worden.
Hast du denn nie gehört, daß da, wo die Sünde groß,
die Gnade übergroß ist?" (Röm 5,21)

Das klingt für mein armes, furchtsames Herz
zu wunderbar, um wahr zu sein.
Da höre ich ihn sagen: „Ich bin so zufrieden mit dir,
ich bin dir so dankbar ..."
Ich fange an zu protestieren,
daß in meinem Leben nichts ist,
was ihn so zufrieden und dankbar machen könnte.
Er sagt: „Du wärest sicher einem Menschen,
der für dich nur ein wenig von dem getan hätte,
was du für mich getan hast, unaussprechlich
   dankbar.
Meinst du, ich hätte weniger Herz als du?" ...

So lehne ich mich zurück
und lasse mich von seinen Worten treffen ...
und mein Herz jubelt vor Freude,
daß ich einen solchen Gott habe!

118

Die Erleichterung

Um das Leben zu sehen, wie es wirklich ist,
hilft nichts so sehr wie die Tatsache des Todes.

Ich nehme im Geist an meinem Begräbnis teil ...
Ich sehe meine Leiche im Sarg ...
Ich rieche die Blumen und den Weihrauch ...
Ich verfolge jede Einzelheit des Begräbnisritus ...

Mein Blick gleitet flüchtig über die Trauergemeinde.
Jetzt verstehe ich,
wie kurz die Zeit bemessen ist, die sie selber noch
    vor sich haben ... nur wissen sie es nicht.
Gerade jetzt sind sie ganz auf mich eingestellt,
nicht aber auf ihren eigenen Tod und die Kürze ihres
    Lebens ...
Dies ist heute mein Auftritt – mein letzter großer
    Auftritt auf Erden,
zum letzten Mal stehe ich im Mittelpunkt des
    Interesses.

Ich höre zu, was der Priester in seiner Ansprache
    über mich sagt ...
Und wie ich die Gesichter in der Versammlung
    beobachte,
merke ich zu meiner Genugtuung, daß ich vermißt
    werde.

Ich hinterlasse eine Leere im Herzen
und eine Lücke im Leben von Freunden ...
Es ist aber auch ernüchternd zu denken,
daß da in der Menge vielleicht Leute stehen,
die erleichtert sind, weil ich gestorben bin ...

Ich gehe im Trauerzug zum Friedhof ...
Ich sehe die Gruppe schweigend am Grab stehen,
während die letzten Gebete gesprochen werden.
Ich sehe, wie der Sarg ins Grab hinuntergelassen
    wird
– das Schlußkapitel meines Lebens ...

Ich denke nach, wie gut dieses Leben war
mit all seinem Auf und Ab ...
den spannenden und eintönigen Zeiten ...
den Erfolgen und Enttäuschungen ...
Ich bleibe am Grab stehen
und rufe mir einzelne Lebensabschnitte ins
    Gedächtnis,
während die Leute wieder nach Hause gehen
zu ihrer täglichen Arbeit,
zu ihren Wünschen und Sorgen ...

Ein Jahr geht vorüber, und ich komme wieder auf die
    Erde.
Die schmerzlichen Lücken, die ich hinterlassen habe,
sind allmählich ausgefüllt.
Im Herzen meiner Freunde
ist die Erinnerung an mich noch lebendig,
aber sie denken nicht mehr so oft an mich.
Sie warten nun auf Post von anderen,
sie erholen sich in der Gesellschaft von anderen.
Andere Menschen sind ihnen für ihr Leben wichtig
    geworden.
Und so muß es auch sein:
das Leben muß weitergehen ...

Ich besuche meinen Arbeitsplatz.
Wenn er noch besetzt ist,
so tut ein anderer meine Arbeit,
ein anderer trifft die Entscheidungen ...

Die Orte, die ich noch vor einem Jahr aufgesucht
    habe,
die Läden, die Straßen, die Gaststätten …
sie sind alle noch da.
Und es scheint nichts auszumachen,
ob ich auf diesen Straßen gegangen bin,
diese Läden betreten und die Busse benutzt habe.
Ich werde nicht vermißt. Dort nicht!

Ich sehe mich nach meinen persönlichen
    Gebrauchsgegenständen um
wie Uhr oder Schreibfeder …
und nach jenen Habseligkeiten,
die Erinnerungswert für mich hatten:
Andenken, Briefe, Fotografien …
und nach meiner Ausstattung: Kleider, Bücher …

Ich kehre an meinem fünfzigsten Todestag zurück
und schaue mich um,
ob noch jemand da ist,
der sich an mich erinnert oder von mir spricht …

Hundert Jahre gehen vorüber,
und ich komme noch einmal wieder.
Außer ein bis zwei vergilbten Fotografien
in einem Album oder an einer Wand
und der Inschrift auf meinem Grabstein
ist kaum etwas von mir übrig geblieben,
nicht einmal die Erinnerung meiner Freunde,
weil keiner mehr lebt …
Trotzdem forsche ich nach irgendwelchen Spuren,
die von meiner Existenz vielleicht noch auf der Erde
    vorhanden sind …

Ich schaue in mein Grab hinein
und finde eine Handvoll Staub
und zerbröckelte Knochen im Sarg.
Meine Augen bleiben an diesem Staub hängen,
und ich denke an mein Leben zurück:
Erfolge und Tragödien ...
Ängste und Freuden ...
Mühen, Konflikte ...
Bestrebungen und Wunschträume ...
Liebe und Abneigung ...
all das, was mein Leben ausgemacht hat.
Und all das ist nun vom Wind verweht,
vom Universum verschlungen ...
Nur noch ein wenig Staub ist übriggeblieben
als Zeichen, daß es einmal etwas gegeben hat:
mein Leben.

Wie ich so diesen Staub betrachte,
kommt es mir vor, als fiele eine schwere Last von
    meinen Schultern
– die Last meiner Einbildung, etwas zu bedeuten ...

Dann blicke ich auf und betrachte die Welt um mich
    her
– die Bäume, die Vögel, die Erde,
die Sterne, den Sonnenschein,
den Schrei eines Säuglings,
einen vorüberfahrenden Zug, die eilenden Wolken,
den Tanz des Lebens und des Universums ...
und ich weiß, daß in allem irgendwo
die Überreste jenes Menschen sind,
den ich „Ich" genannt habe,
und jenes Lebens, welches das meine war.

Die Fügung

Ich stelle mir vor,
ich hätte noch sechs Wochen zu leben ...
Ich sehe die Umstände lebhaft vor mir:
Wie alt ich bin ...
und wo ...
woran ich sterbe ...

Ich erfahre den Schmerz, von meinem Leben
und von allem und jedem, was ich geliebt
und gehaßt habe, Abschied zu nehmen ...

Ich nehme Abschied in einem Gespräch,
in dem diese Dinge
und das Leben
mir Antwort geben ...

Ich nehme zur Kenntnis,
wie die Leute die Nachricht
von meinem bevorstehenden Tod aufnehmen ...
Ich überlege, was jeder von ihnen
wohl mit mir verliert ...

Nach dem Tod stehe ich vor dem Herrn.
Ich spreche mit ihm über mein Leben:
Über das, was mir am liebsten war ...
was ich am meisten bereue ...

Nun höre ich Gott sagen,
daß er gedenkt, mich auf die Erde zurückzuschicken.
Er stellt mir frei,
die Form meiner Reinkarnation zu wählen:

Welches Land wähle ich?

Welches Geschlecht?

Was für ein Mensch möchte ich sein?

Ich wähle meinen Charakter ...
meine Talente ...
meine Stärken und Schwächen ...
die Erfahrungen, die ich in meinem neuen Leben
    machen möchte ...

In welcher Gesellschaftsschicht möchte ich geboren
    werden
– reich, Mittelklasse, arm?
Warum? ...

Was für Eltern möchte ich haben?
Ich wähle die Vorzüge und Fehler aus,
die ich Vater und Mutter wünsche ...
Ich stelle mir vor,
ich sagte das meinen jetzigen Eltern
und sehe, wie sie reagieren ...

Was für eine Kindheit möchte ich haben?
Wieviele Geschwister? ...

Was für eine Erziehung?

Was für einen Beruf wähle ich mir? ...

Nun höre ich, wie Gott mir erklärt,
warum er mir genau das Leben in all seinen
    Einzelheiten gegeben hat,
das ich jetzt habe ...

Die Komödie

Ich steige auf einen einsamen Berggipfel
und habe einen ganzen Tag für mich.
Mit welchen Themen ...
welchen Gesichtspunkten in meinem Leben ...
Menschen ...
will ich mich beschäftigen,
jetzt, da ich Zeit dafür habe? ...

Ich tue das eine Weile,
so daß es fruchtbar werden kann ...

Wieviele Namen von Menschen kann ich nennen,
die vor zweitausend ... fünftausend ...
zehntausend Jahren berühmt waren?

Ich male mir Szenen aus dem alten Griechenland aus
oder aus Rom ... oder Ägypten ...
Indien ... China ... Amerika ...
Liebesgeschichten und Kriege ...
Geburten und Sterbefälle ...
Herrscherhäuser und Revolutionen ...
Riten und Aberglauben ...
das Alltagsleben des niederen Volkes ...
Und dann sehe ich, wie die Zeit
das Andenken an diese Völker
und Kulturen austilgt ...

Nun überlege ich,
welche hervorragenden Persönlichkeiten
oder Ereignisse ...
aus unserer Zeit
in zehntausend Jahren
in den Geschichtsbüchern genannt werden

und welchen Einfluß meine eigene Existenz
in jener fernen Zukunft
auf die Menschheitsgeschichte haben wird ...

Ich fahre so weit in die Stratosphäre hinaus,
bis die Erde ein hellfarbener Tennisball wird,
der im Weltraum herumschwebt
und sich um seine Achse dreht ...
Ich spähe aus nach den Städten, Flüssen, Flughäfen,
    Kirchen ...
nach Kriegen und Festlichkeiten ...
nach Liebe und Haß ...
auf der Oberfläche dieses kleinen Balles.

Dann suche ich mich und meine Leistung ...
bis ich mich auf mein rechtes Maß zurückgestutzt
    sehe
und die Erleichterung verspüre, die mir der Abstand
    verschafft hat ...
bis ich wieder herzhaft lachen kann
– denn Lachen, besonders das Lachen über sich
    selbst,
ist das gesegnete Geschenk der Einsamkeit.

Bevor ich vom Berg absteige,
um wieder an mein Tagewerk zu gehen,
frage ich mich: „Was will ich hier auf Erden
aus meinem Leben machen?"
Und weiter: „Wie möchte ich heute leben?"
Und ich will den Rat beherzigen,
den das Leben selbst mir gibt ...

Der Kreislauf

Mitte in einer Wüste
steht der Tempel einer versunkenen Religion.
Ich untersuche die Ruinen sorgfältig
und lasse meine Phantasie schweifen:

Ich sehe die Stadt vor mir,
in der dieser Tempel stand ...
Wer hat ihn gebaut? Zu welchem Zweck? ...
Ich sehe die Baupläne,
den Architekten,
die Bauleute,
den Steinbruch für die Tempelquader,
die Geldquellen,
– und ich beobachte die Gefühle
der Bauleute und des Volkes,
als der Tempel seiner Vollendung entgegengeht ...

Ich stelle mir vor, daß ich an dem Tag dort bin,
an dem der Tempel geweiht
und die Gottheit eingesetzt wird:
Ich bin mitten in der Prozession
bei Musik, Gesang und Weihezeremonien ...
und ich schaue bei den Feierlichkeiten
in die Augen und Herzen des Volkes ...

Eines Tages sitze ich drinnen im Tempel,
unbeobachtet beobachte ich:
Da kommt einer in tiefem Kummer.
Ich sehe, was in seinem Herzen vorgeht ...
und was sein Gebet erlangt hat ...

Ein anderer kommt zur Meditation.
Er sucht Gott und den Frieden
und den Sinn des Daseins.
Welcher Methode folgt er bei seiner Suche? ...

Da kommt wieder jemand, eine, die Gott liebt.
Was mag sie dazu gebracht haben?
Wie bezeugt sie ihre Liebe? ...

Ich sehe die nicht endenwollende Kette
von Andächtigen, die Gunsterweise erbitten
und Schutz vor jeglichem Übel suchen ...

Ich sehe die Priester: was für Menschen sie sind ...
was für ein Leben sie führen ...
ihre Ansichten und ihre Glaubensüberzeugungen ...

Ich werfe einen letzten Blick auf den Tempel
auf dem Höhepunkt seiner Bedeutung:
wo der Tempelgong durch die ganze nähere
    Umgebung hallt
und zum Gebet ruft,
wo der Tempelgottheit häufig Opfer dargebracht
    werden
und die Priester Tag für Tag ihren heiligen Dienst
    verrichten ...

Aber es kommt unweigerlich der Tag,
an dem der Verfall einsetzt ...
Was ist geschehen?
Haben die Leute eine andere Religion angenommen?
Wurde das Land von Seuchen und Hunger
    heimgesucht,
so daß das Volk auswandern mußte ...?

Ich sehe den Tempel in den verschiedenen Stadien
seiner Vernachlässigung,
bis keine Gläubigen und Priester mehr da sind,
bis niemand mehr in der Gegend wohnt
und Sonne, Wind und Regen
mit dem Bau ihr zerstörerisches Spiel treiben ...

Ich rede mit dem zerfallenen Tempel ...
Und während ich den Antworten des alten Tempels
   lausche,
wird mein Herz weiser,
denn es gewinnt größere Einsicht
in Leben
und Tod
und Gott
und Geschichte
und Menschheit ...

Zum Schluß bitte ich den Tempel,
mir einen Weisheitsspruch
mit auf den Weg zu geben ...

Dann sage ich Lebewohl ...
und gehe davon.

Der Aufbruch

Meine Exerzitien gehen dem Ende entgegen,
und ich denke an die Tage zurück,
die ich in dieser Umgebung verbracht habe ...

Ich sehe mich im Bild, als ich ankam ...
und schaue mich an, so wie ich heute
am Schluß der Exerzitien bin ...

Ich denke an die Menschen und Orte,
die zu meinen Exerzitien dazugehörten.
Ich sage ihnen allen ein Wort des Dankes ...
und: Lebt wohl!
Mich rufen andere Orte, andere Menschen,
und ich muß gehen ...

Ich denke an die Erfahrungen,
die ich gemacht habe,
die Gnaden, die mir an diesem Ort geschenkt
    worden sind ...
Ich bin auch dankbar für jede einzelne ...

Ich denke an die Lebensweise,
die ich hier geführt habe ...
die Atmosphäre ... die Tagesordnung ...
Ich sage ihnen: Lebt wohl!
Auf mich wartet eine andere Lebensweise
andere Gnaden,
andere Erfahrungen erwarten mich ...

Und da ich Menschen,
Orten, Dingen, Geschehnissen,
Erfahrungen und Gnaden „Lebt wohl" sage,
so geschieht das unter dem gebieterischen Anspruch
    des Lebens:

wenn ich lebendig sein will,
muß ich lernen, in jedem Augenblick zu sterben,
das heißt, Lebewohl zu sagen,
loszulassen, voranzugehen!

Ist das geschehen, wende ich mich der Zukunft zu
und sage: „Willkommen".

Ich sehe meine morgige Abreise vor mir
und sage: „Willkommen!"

Ich denke an die Arbeit, die auf mich wartet ...
an die Menschen, denen ich begegnen werde ...
an das Leben, das ich führen werde ...
an die Ereignisse, die morgen eintreffen werden ...
und ich breite meine Arme aus
um den Anruf der Zukunft
willkommen zu heißen ...

Die Ekstase

Ich versuche,
das Leben in all seinem Reichtum zu sehen
und in tieferen Schichten angerührt zu werden
als nur durch den Verstand:

Deshalb betrachte ich gegensätzliche Szenen:

die Geburt eines Kindes ...
die Freude und das Staunen der Eltern ...
die Feierlichkeiten ...
Dann betrachte ich ein Sterben ...
die Trauer ... den Schmerz über den Verlust ...
das Begräbnis ...
Ich wechsle mehrmals von einer Szene zur anderen
und beobachte jede Einzelheit.

Das nächste Gegensatzpaar:
ein Hochzeitssaal und eine Krebsstation.
Beim Betrachten dieser Szenen
achte ich wieder auf jede Einzelheit ...
Ich wechsle von einer zur anderen,
von der Hochzeit zum Krankenzimmer
und wieder zurück ...
vermeide dabei alle Überlegungen,
begnüge mich einfach hinzuschauen ...

Dann ein Sportplatz
– die Menge ... die Spieler ...
die Zurufe ... die Aufregung ...
Und ein Altenheim – eine Alte am Fenster,
die der Vergangenheit nachsinnt ...
Ich gehe von einer Szene zur anderen,
schaue den Menschen dabei ins Herz ...

Als nächstes sehe ich ein Schwimmbad
in einem Luxushotel –
... das schäumende Wasser ... den fröhlichen Lärm,
die helle Sonne am Himmel ...
Und die Slums der Armen
– die verpestete Luft, den Gestank ...
die Menschen auf dem Boden schlafend ...
die Ratten und Wanzen ...
Ich denke nicht nach.
Ich versetze mich nur in die Stimmung
der Szene, die ich betrachte ...

Ich beobachte eine Kabinettssitzung:
wie die Machthaber des Landes Beschlüsse fassen,
die in das Leben anderer eingreifen ...
Und im Gegensatz dazu eine Folterkammer,
die ich mir in allen Einzelheiten ansehe.

Dann trete ich von der Erde zurück
und sehe diese und unzählige andere Szenen in
    einem,
und, obgleich ich es nicht begreifen kann,
sehe ich, wie das Ganze gleichsam eine Symphonie
    bildet,
einen einzigen harmonischen Tanz:
Geburt und Tod,
Lachen und Weinen,
Lust und Leid,
Tugend und Laster,
– alle verschmelzen zu einem Fresko
von unvergleichlicher Schönheit,
die meine Fassungskraft weit übersteigt ...

Dann kehre ich zu der Taufe und dem Begräbnis
    zurück,
zu der Hochzeit und der Krebsstation,

dem Sportplatz und dem Altenheim,
und sehe sie als einzelne Noten in derselben
   Melodie ...
verschiedene Takte eines einzigen Tanzes ...

Ich sehe Jesus Christus und Judas,
ich sehe Opfer und Verfolger,
die Mörder und die Gekreuzigten:
eine Melodie mit entgegengesetzten Noten ...
ein Tanz mit verschiedenen Schritten ...

Ich denke an Menschen,
die mich nicht leiden können und mich angreifen,
und ich sehe sie und mich verschieden,
dennoch nicht – zwei ...
eingebunden in eine Aufgabe, einen Tanz,
ein Kunstwerk ...
Ich betrachte die Mannigfaltigkeit meines eigenen
   Lebens
mit seinen wechselnden Stimmungen,
seinem Auf und Ab ...
und die Menschen, die in meinem Leben stehen,
die Bösen und die Guten,
die geliebten und die ungeliebten ...
viele Takte eines einzigen Tanzes,
von einem einzigen Tänzer ausgeführt ...

Am Ende stehe ich vor dem Herrn.
Ich sehe ihn als den Tänzer
dieses verwirrenden, sinnlosen, erheiternden,
beängstigenden, wundervollen Etwas,
das wir Leben nennen
– als seinen Tanz ...
Und ich stehe da, sprachlos
nicht begreifend,
in Staunen verloren!

Liebe

Das Heiligtum

Ich begebe mich in den Tempel meines Herzens ...
und denke mir eine Andachtsform aus,
die mir für diese Tagesstunde zu passen scheint ...
oder für meine augenblickliche innere Verfassung ...

Dort in dem Tempel sind die Menschen ehrfürchtig
    geborgen,
die mich durch ihre Liebe verändert haben ...
und jene, die ich durch meine Liebe verändert habe.

Wenn ich meine Andacht beendet habe,
lege ich jedem von ihnen die Hände auf,
um die Gnaden,
die Gott mir im Gebet geschenkt hat,
mit ihnen zu teilen ...

Zu wievielen dieser Menschen kann ich sagen:
„Ich weiß sicher, daß deine Liebe zu mir
ewig bleibt"?

Zu wievielen darf ich sagen:
„Sei gewiß, daß meine Liebe zu dir
niemals aufhört."?

Ich nehme einen Menschen,
von dessen Liebe zu mir ich tief überzeugt bin.

Ich versetze mich in die Zeiten zurück,
in denen ich die Liebe dieses Menschen erfahren
    habe ...
Ich erlebe sie noch einmal in der Erinnerung ...

überlasse mich der Freude, die sie mir schenken ...
und verweile dabei so lange wie möglich ...
denn so trinke ich Liebe
– und Leben
und Gott.

Jetzt komme ich zur Gegenwart
und sehe diesen Menschen,
ganz gleich, ob lebend oder tot,
hier vor mir sitzen ...
Wir halten uns an den Händen ...
Ich lasse seine/ihre Liebe in mich einströmen ...
und fühle, wie sie mich durchdringt ...

Ich lasse meine eigene Liebe in diesen Menschen
    strömen ...
die beiden Liebesströme fluten ineinander
und hüllen uns in eine Atmosphäre von Liebe ...

Und so beschließe ich diese Übung,
wie ich sie begonnen habe,
in einem Tempel –
denn Lieben ist göttlich, und Gott ist Liebe.

Der Brunnen

Ich versuche, meinen Durst zu spüren:
nach Glück ...
nach Frieden ...
nach Liebe ...
nach Wahrheit ...
nach irgendetwas – ich weiß nicht, was –,
das mich weit übersteigt ...

Dann spreche ich die folgenden Schriftverse,
um meinen Durst auszudrücken:

Der erste Text ist ein Schrei:
„Gott, du mein Gott, ich suche dich,
meine Seele dürstet nach dir" (Psalm 63).

> Wenn ich jeden Text
> in der Art eines Mantra wiederhole
> und ihn in mein Herz einlasse,
> konzentriere ich mich auf ein Wort, einen Satz
> aus dem Text,
> der mich mehr als die anderen anspricht.
> Und ich male mir irgend ein Bild
> oder eine Szene aus meinem eigenen Leben
> als Sinnbild für den Text,
> den mein Herz spricht.

Der zweite ist eine Einladung:
„Wer Durst hat,
komme zu mir und trinke" (Joh 7, 37).

Der dritte ist ein Versprechen:
„Wer von dem Wasser trinkt, das ich ihm geben
    werde,
wird niemals mehr Durst haben.

Das Wasser, das ich ihm gebe,
wird in ihm zur sprudelnden Quelle werden,
deren Wasser ewiges Leben schenkt" (Joh 4, 14).

Der letzte Text ist die Erfüllung:
„Der Geist und die Braut sagen: Komm!
Wer hört, der rufe: Komm!
Wer durstig ist, der komme.
Wer will, empfange umsonst das Wasser des Lebens.
Amen. Komm, Herr Jesus!" (Offb 22, 17–20).

Die Erziehung

Im Evangelium wird berichtet,
daß Jesus sich umwandte und Petrus anschaute
– und wie dieser Blick das Herz des Petrus
verwandelt hat (Mt 26,75).

Wenn Jesus heute auf die Erde zurückkäme:
worauf würde er zuerst schauen?

Ich meine, sein Blick würde zuerst
auf das überwältigende Gutsein der Menschheit
    fallen.
Ein Mensch mit gutem Herzen sieht überall das
    Gute,
der Übelgesinnte das Schlechte;
denn wir neigen dazu, in anderen
unser eigenes Spiegelbild zu sehen.

Jesus legt durch seinen Blick
die in jedem Menschen verborgene Liebe,
Redlichkeit und Güte frei.

Ich sehe, wie er auf eine Prostituierte blickt.
Dann schaue ich sie so an wie er,
um zu entdecken, was er in ihr sieht ...

Ich sehe ihn
auf verhärtete Steuereinnehmer blicken ...
auf eine Ehebrecherin ...
auf einen Schächer neben ihm am Kreuz ...
und ich lerne die Kunst zu sehen:

Wenn Jesus auf das Böse schaut,
dann nennt er es bei Namen
und verurteilt es schonungslos.
Nur, wo ich Bosheit sehe, da sieht er Unwissenheit.
Ich sehe, wie in seiner Todesstunde
sein Zorn über die Pharisäer sich besänftigt:
„Vater, vergib ihnen,
denn sie wissen nicht, was sie tun."
Ich lasse mir Zeit, um zu sehen und zu hören,
denn so wird mein Herz erzogen ...

Ich schaue nun selber auf die Welt.
Ich stelle mir vor, daß jedesmal,
wenn ich einem Fremden begegne ...
oder in eine Versammlung gerate ...
ich das Gute in jedem Menschen erkenne.

Ich schaue auf alle, mit denen ich zusammenlebe
und arbeite ...
Wieviel Gutes entdecke ich in jedem von ihnen? ...

Es ist mir unmöglich, „böse" Menschen zu lieben
oder solche, die mir unsympathisch sind,
außer wenn ich – wie Jesus – das Gute in ihnen
    sehe.
So denke ich, daß Jesus neben mir steht
und mich lehrt, sie ganz neu zu sehen:
Zugeständnisse zu machen,
Unkenntnis oder mildernde Umstände gelten zu
    lassen ...

Danach spreche ich mit jedem einzelnen etwa so:
„Deine Taten sind böse, gewiß, aber du bist gut."
Oder ich sage: „Ich verurteile das Böse, das du tust,
aber ich kann dich nicht tadeln,
denn du weißt wirklich nicht, was du tust ..."

Zum Abschluß dieser Übung
setze ich mich dem liebenden Blick Jesu aus.
Als ich ihm in die Augen schaue, bin ich erstaunt
über das Gute, das er in mir entdeckt ...
Ich neige dazu, mir alles Unrecht vorzuwerfen,
das ich begehe
– er verdammt mit aller Entschiedenheit
meine Sünden,
weigert sich aber hartnäckig,
den Sünder zu verdammen.

Zunächst schrecke ich vor seinem liebenden Blick
   zurück,
denn er schenkt zu viel Vergebung,
und in meinem Abscheu vor mir selber
kann ich ihn nicht ertragen ...
Aber ich weiß, daß ich diesen Blick aushalten muß,
wenn ich lernen will,
andere Menschen so anzusehen,
wie er mich ansieht ...

Die Strömung

Ich bete zu Gott, er möge mich als Kanal
seiner Liebe und seines Friedens gebrauchen ...

Dann dichte ich ein Mantra,
das dieses mein Gebet in Worte faßt,
etwas wie:
„Mach mich zu einem Kanal deines Friedens" ...

Ich spreche das Mantra eine Zeitlang ...
passe es dem Rhythmus meines Pulsschlags ...
oder meines Atems an ...

Die zwei Dinge, die mich am meisten hindern,
durchlässig für Gottes Gnade zu sein,
heißen Lärm und Sünde.

Deshalb fange ich damit an, die Stille
als Gegengewicht gegen den Lärm zu suchen:
Ich bringe all mein Denken
und inneres Reden zum Schweigen,
das Mantra nicht ausgenommen,
indem ich auf meinen Atem
oder meine körperlichen Empfindungen achte ...

Darauf trachte ich, mein Herz von Sünden zu
    reinigen:
Ich halte dem Herrn meine Gefühle von Groll,
Ärger, Gier, Besitzdrang und Eifersucht,
ja von kleinen Abneigungen und Verstimmungen hin
und bitte ihn, mein Herz davon zu befreien,
damit seine Gnade ungehindert hindurchströmen
    kann ...

Wenn ich eine Schonzeit
für meinen inneren Lärm und meine negative
  Einstellung erlangt habe,
so stelle ich mir vor, es entspringe in mir
ein Strom von Frieden und Liebe,
überflute mein ganzes Sein
und ergieße sich dann nach außen ...

Zuerst lenke ich ihn in die Richtung
von Menschen, die mir lieb sind ...

Dann lenke ich die Flut
zu jenen hin, denen ich heute begegnen werde ...

Jetzt lasse ich der Strömung freien Lauf
zu meinen Gegnern ...
oder Menschen, die mich nicht mögen ...
und jenen, die ich nicht mag ...

Zuletzt lasse ich die Wasser reichlich, wahllos
  überfließen
auf jedes Geschöpf im Universum:
auf Tiere und Vögel und Bäume
und auf die ganze leblose Natur.

Der Sonnenaufgang

Ich nehme alle Geräusche um mich her wahr ...
von meiner Umgebung: den Feldern, den Bäumen,
diesem Zimmer, den Möbeln ...
dann von meinem Körper ...
und meinem Atem ...

Nun spreche ich bei jedem Atemzug
langsam und ruhig
den Namen Jesus aus.

Ich stelle mir vor, daß trotz des hellen Sonnenscheins
im Herzen aller Wesen Dunkelheit herrscht,
die nur durch die Gnade gebannt werden kann:

Um die Dunkelheit zu vertreiben,
spreche ich den Namen über jeden Teil von mir aus,
der Heilung braucht
(mein Herz ... mein Verstand ... meine Glieder ...
    meine Sinne ...),
und ich sehe, wie jeder Teil zu leuchten beginnt
und durch die Gnade belebt wird ...

Dann schaffe ich eine Atmosphäre von Gnade,
um darin zu leben, mich zu bewegen
und mein Ich zu besitzen:

Ich fange mit den Wänden an ...
mit den Möbelstücken in meinem Zimmer ...
und bringe sie durch den Namen zum Leuchten.
Danach kommt alles, was ich heute benützen werde:
meine Bücher und mein Federhalter ...

meine Kleider ... meine Schuhe ...
Das Haus: der Speisesaal, seine Einrichtung,
Besteck und Geschirr ...
die Küche, ihre Geräte ...
die Speisen, die ich esse ...
das Wasser, das ich trinke und in dem ich mich
    wasche ...
die Erde ... die Bäume ... die Vögel ...
alles durch den Namen gnadenerfüllt und erhellt.

Schließlich spreche ich den Namen über die ganze
    Erde
und alle Völker aus ...
über Sonne, Mond und Universum ...
und die unermeßliche Weite des Raumes ...

Die Salbung

Heute gehen meine Exerzitien zuende.
Nachdem ich mich verabschiedet habe,
trete ich in das Heiligtum meines Herzens ein
und erbitte den Segen des Herrn,
bevor ich abreise ...

Ich setze mich zu seinen Füßen nieder
und spreche leise seinen Namen aus ...
Ich achte auf das, was mein Herz bewegt ...
und was ich ihm wirklich sage,
wenn ich seinen Namen ausspreche ...

Dann salbe ich mich und alles an mir
– Geist, Herz und Seele und Leib –
indem ich seinen Namen ausspreche ...

Ich blicke auf diese Exerzitientage zurück:
die Menschen, die Orte,
die Geschehnisse, die Dinge,
die zu meinen Erfahrungen gehören,
und ich hauche den Namen dankbar über alle und
    alles aus:

Die Orte: meine Lieblingsplätze im Garten
und in der Umgebung ...
Ich fülle sie mit seiner Gnade,
damit andere, die hierherkommen, gesegnet werden.

Ich salbe mein Zimmer ... und die Möbel ...
und fülle sie mit Gnade für zukünftige Bewohner.

Ebenso mache ich es mit anderen Stellen im Haus:
dem Speisesaal ... der Küche ...
der Kapelle ... den Gängen ...
der Bibliothek ... den Duschen ...

Dasselbe mache ich mit den Bäumen im Garten,
damit alle, die unter ihnen Schatten suchen,
ebenfalls den göttlichen Schutz erfahren,
und mit den Vögeln, damit ihr Gesang
auch anderen das gibt, was er mir gegeben hat ...

Und ich salbe alle Erlebnisse,
die mir geschenkt worden sind,
die Erkenntnisse, die gnadenerfüllten Augenblicke,
um sie fruchtbar zu machen.

Ich salbe die Menschen,
die zu meinen Erfahrungen hier gehören ...

Dann schaue ich in die Zukunft:
Ereignisse, die wahrscheinlich eintreffen werden ...
Beschäftigungen, die ich aufnehmen werde ...
Menschen, denen ich begegnen werde ...
Ich heilige sie mit der Salbung des Namens,
sende ihn vor mir her,
so daß ich überall, wo ich gehe und stehe,
beschützt und gestärkt
und lebendig gemacht werde ...

Der Segen

Heute will ich für andere beten.
Aber wie kann ich sie an dem Geschenk
von Frieden und Liebe teilhaben lassen,
wenn mein eigenes Herz noch immer ohne Liebe ist
und ich selber keinen Seelenfrieden habe?

So fange ich mit meinem Herzen an:
Ich halte dem Herrn
jede Regung von Groll,
Ärger und Bitterkeit entgegen ...
die da noch lauern mag,
und bitte, daß seine Gnade sie eines Tages zur Liebe
    bewegt,
wenn auch nicht sofort.

Dann suche ich Frieden:
Ich verzeichne die Sorgen,
die meinen Herzensfrieden stören,
und lege sie in Gottes Hände
in der Hoffnung, daß ich so etwas Ruhe vor meiner
    Angst bekomme,
wenigstens, solange ich bete.

Dann suche ich die Tiefe,
die das Schweigen mit sich bringt,
denn ein Gebet, das aus dem Schweigen aufsteigt,
ist mächtig und wirksam.
So lausche ich auf die Töne ringsum
oder achte auf meinen Körper
oder auf mein Ein- und Ausatmen.

Zuerst bete ich für die Menschen, die ich liebe.
Ich spreche einen Segen über jeden einzelnen:

„Bleibe vor Unheil und Bösem bewahrt",
und ich denke mir, daß meine Worte
ihn mit einer Schutzwehr von Gnade umgeben.

Danach gehe ich zu denen,
die mir unsympathisch sind
und die mich unsympathisch finden.
Ich spreche über einen jeden das Gebet:
„Möchten wir eines Tages Freunde werden,
du und ich."
und stelle mir vor, daß dieser Wunsch einmal in
    Erfüllung geht.

Ich denke an Behinderte,
an Leidende ... und sage:
„Mögest du Kraft und Mut finden",
und stelle mir vor, daß meine Worte
ungeahnte Kräfte in ihnen freisetzen.

Ich denke an einsame Menschen:
Menschen, die keine Liebe erfahren ...
oder von ihren Lieben getrennt sind ...
und sage zu jedem von ihnen:
„Gottes schützende Nähe sei mit dir."

Ich denke an alte Leute,
die sich jeden Tag, der vergeht,
auf den baldigen Tod gefaßt machen müssen,
und sage einem jeden:
„Mögest du die Gnade erhalten, dein Leben freudig
    zu lassen."

Ich denke an die Jungen ...
und spreche dieses Gebet:
„Gott lasse deine Jugendwünsche
in Erfüllung gehen
und dein Leben fruchtbar sein."

Schließlich sage ich zu jedem,
mit dem ich zusammenlebe:
„Möge meine Beziehung zu dir uns beiden zum
  Segen werden."

Nun kehre ich zu meinem Herzen zurück,
um ein wenig in der Stille,
die ich dort finde, auszuruhen,
und in dem Gefühl von Liebe,
das in mir erwacht ist,
weil ich für andere gebetet habe ...

Die Abendmahlsfeier

Zur Vorbereitung auf diese Übung lese ich Matthäus
26,26–30; Lukas 22,14–19; Johannes 13 bis 17.

Ich höre Jesus sagen:
„Bereitet das Paschamahl für uns vor,
damit wir es gemeinsam essen können" (Lk 22,8).
Ich wähle einen Ort ...
Wen lade ich ein zu diesem außergewöhnlichen
    Mahl?...
Was für Vorbereitungen treffen meine Freunde und
    ich?...

Endlich ist es Zeit.
Ich sehe den Saal, die Speisen,
das Brot und den Wein,
die Freunde, die ich eingeladen habe.

Als ich Jesus mit meinen Freunden bekanntmache,
denke ich mir für jeden einen Beinamen aus.
Zum Beispiel: „Das ist Johannes, der Getreue;
dies ist Anna, die Liebevolle;
dies ist der sanfte Joseph ..."

Jesus hat für jeden von uns eine herzliche Geste ...
und das Mahl beginnt.

Ziemlich am Anfang bricht Jesus einen Brotlaib
und geht umher, um jedem ein Stück davon
    anzubieten.
Und zu jedem sagt er ein Wort.
Was sagt er zu mir?

Nachdem das Brot gegessen ist, nimmt das Mahl
    seinen Fortgang.
Jesus spricht oft,
manchmal als Antwort auf unsere Fragen,
manchmal ungefragt.

Er spricht von Liebe ...
Es ist, als spreche er zu mir allein ...

Er spricht zu uns über Jüngerschaft ...
und über die Verfolgung, die notwendig damit
    verbunden ist ...
Wir fragen ihn, was das konkret für unser Leben
    bedeutet ...

Er spricht dann weiter über den Frieden ...
und ich frage mich, wieviel Frieden ich habe ...
und welche Hindernisse ich ihm in den Weg lege ...

Er spricht von einer Freude,
die von seiner geheimnisvollen Gegenwart herrührt
und die uns niemand nehmen kann ...
Deshalb fragen wir ihn nach dieser Freude ...
dieser Gegenwart ...
und ich erinnere mich
an jene Augenblicke in meinem Leben,
wo ich sie erfahren habe ...

Wir wissen, daß dieses Mahl geheimnisvoll
mit seiner und unserer Existenz in Verbindung steht:
mit Leiden und Tod und Auferstehung.
So sprechen wir auch darüber mit ihm.

Das Abendmahl ist beinahe vorüber.
Jesus spricht heilige Worte über einen Becher Wein
und reicht ihn einem jeden von uns.
Wieder spricht er ein Wort, als er ihn reicht.
Was sagt er zu mir?...

Nachdem der Wein getrunken ist,
wird es ganz still im Saal.
Dann betet Jesus laut
für mich und meine Freunde.
Ich höre ihn beten, daß wir eins seien ...
und überall da, wo wir sind, Einheit stiften ...

Es ist Zeit zum Aufbruch.
Wir stehen,
während Jesus einen Lobgesang anstimmt ...
Während ich singe, verkoste ich im Herzen
das Erlebnis bei diesem Mahl,
das ich für Jesus und meine Freunde bereitet habe ...

Der Pilger

Ich verweile
bei den Gefühlen und Gedankenverbindungen,
die das Wort „Heimat" in mir wachrufen ...
Ich erlebe noch einmal einige Ereignisse,
die mit meiner Kindheit und mit meinem Elternhaus
   zusammenhängen
– jene Zeiten von Freude und Freiheit ...
vielleicht auch Zeiten von Angst und Traurigkeit ...

Ich male mir aus, wie mein Heim gewesen wäre,
wenn ich geheiratet hätte:
was für eine Gattin ich gehabt hätte ...
und was für ein Gatte ich gewesen wäre ...
Wieviele Kinder wir gehabt
und was für Namen wir ihnen gegeben hätten ...
wie unser Wohnhaus ausgesehen
und was für eine Atmosphäre darin geherrscht hätte.

Nun denke ich darüber nach, daß Heimat dort ist,
wo mein Herz ist.
Wo ist mein Herz heute?
Bei welchem Menschen, an welchem Ort,
bei welcher Beschäftigung?
Wenn Gott mir die Möglichkeit gäbe,
gerade jetzt irgendwo auf der Welt zu sein:
Wohin würde ich gehen?

Ich stelle mir vor, ich ginge jetzt dorthin
und erklärte dieser meiner eigenartigen „Heimat",
weshalb sie für mich so anziehend ist ...

Wahrscheinlich habe ich mehr als ein Zuhause.
Darum rede ich mit jedem auf die gleiche Weise ...

Nun kehre ich zu meiner Traumheimat zurück
und spreche mit der Braut, die ich niemals heiraten
    werde,
und erkläre ihr, warum nicht ...
Ich spreche mit meinem ersten Kind,
das nie zur Welt kommen
und sich nie in meine Arme schmiegen wird,
und erkläre ihm, warum das so sein muß ...

Ich halte auch Zwiesprache mit meinem erdachten
    „Zuhause" ...
und merke, was für Gefühle ich habe,
als ich ihm Lebewohl sage ...
und meiner Frau und meinen Kindern ...
Und ich nehme die Verantwortung auf mich,
daß sie niemals existieren werden ...

Dann kehre ich nach jedem dieser „Zuhause" zurück,
auf die mein Herz zufliegen würde, wenn es könnte,
und sehe, daß jedes ein Gefängnis sein kann,
ein Feind von Freiheit, Leben und Wachstum,
ein heimeliges Nest,
das mich zum Niederlassen verlockt,
statt daß ich meine Schwingen rege und fliege ...

Darum mache ich allen liebevoll klar,
daß ich nicht bleiben darf, nicht ausruhen darf,
denn ich habe Versprechungen einzulösen ...

Ich sehe mich im Geiste auf der Straße,
die von dem Daheim
zu neuen Horizonten führt ...
Und ich entdecke zu meiner Freude,
daß der Herr hier auf der Straße bei mir ist
und mir zeigt, daß ich, wenn ich lebendig und frei
    sein möchte,

meine Furcht, ohne Begleitung zu wandern,
abschütteln muß;
dann wird er mein ständiger Ruheort sein,
denn er wird überall zugegen sein, wohin ich gehe,
– und endlich wird die ganze Schöpfung
mein Daheim werden.

Wir kommen an eine Wegbiegung, der Herr und ich.
Ich wende mich zurück, um einen letzten Blick auf
    mein Zuhause
da hinten in der Ferne zu werfen
– und mein Herz wallt auf in Dank und Liebe,
als ich das Nest erblicke, das mir vom Schicksal
    bestimmt wurde,
um so lange darin zu bleiben,
bis ich Kraft gesammelt habe, um zu fliegen ...

Die Zusammenkunft

Ich denke mir,
ich hätte einen ganzen Tag zur Verfügung,
den ich allein auf einem Berggipfel verbringen
    könnte ...
und ich beobachte, wie ich das aufnehme ...

Einsamkeit ist Zusammensein:
Hier begegne ich mir selbst
und der ganzen Schöpfung
und dem Sein.
Außerhalb der Einsamkeit bin ich zerstreut und
    geteilt.

So fange ich auf dem Berggipfel mit mir selber an:
Ich gewinne meinen Körper lieb:
seine Haltung ...
sein Wohlbefinden oder Unbehagen ...
seine augenblickliche Verfassung ...

Meine Aufmerksamkeit ruht auf jedem Teil von mir:
auf jedem Glied ...
jedem Sinneswerkzeug ...
jedem Organ ...
meinem Ein- und Ausatmen ...
meiner Lungentätigkeit ...
auf Herz ...
und Blut ...
und Gehirn ...
und jeder anderen Funktion:
sehen ...
hören ...
schmecken ...
berühren ...

denken ...
wollen ...
erinnern ...
fühlen ...

Bevor ich vom Berg absteige,
schaue ich auf die ganze Schöpfung
und ziehe sie an mein Herz:

Ich liebe die Vögel und Tiere ...
die Bäume ... die Sonne ...
die Luft ... die Wolken ... das Gras ...
die Berge ... Flüsse ... Seen ...
die Erde ... und die Sterne ... und das Weltall ...

Ich liebe das Zimmer, das ich bewohne ...
und die Möbel, die ich benutze ...
die Küche ... und das Feuer ... und das Essen ...
Ich liebe das erfrischende Wasser, das ich trinken
und auf mein Gesicht spritzen werde ...

Ich liebe den Verkehrslärm in der Ferne ...
die Straßen ... die Felder ... die Fabriken ...
die Wohnhäuser ... die Theater,
Läden und Gaststätten ...

Ich liebe die Menschen, denen ich heute begegnen
    werde,
und drücke sie alle an mein Herz ...
und ich liebe alle Menschen überall
und an allen Enden der Erde ...
und vergangene Völker ...
und die Völker späterer Jahrhunderte ...
denn in der Einsamkeit
gewinne ich die Einsicht und Tiefe,
um das zu vermögen.

Schweigen

Der Schatz

Sprich den Namen innerlich aus ...

Was sagst du dem Herrn,
wenn du seinen Namen aussprichst? ...

Stell dir vor, du wärest schwach,
und der Name wäre ein Heilmittel,
das dich stärkt ...
Du fühlst, wie die Wirkung des Heilmittels
jedesmal zunimmt,
wenn du den Namen aussprichst ...

Es ist alles dunkel um dich her
und in dir ...
und der Name vertreibt das Dunkel ...
innen beginnst du zu leuchten ...
außen ist es, als ob der Name deinen Weg erhellt ...

Stell dir vor, daß der Name dich wie ein Schild
    umgibt,
alles Übel von dir fernhält
und dich vor jedem Unheil beschützt ...

Die Verschmelzung

Du steigst in die Tiefe deines Seins hinab
und suchst dort ein Mantra, ein Wort,
das du im Rhythmus deines Herzschlags wiederholst.
Es ist der Ausdruck deiner Sehnsucht und deiner
    Liebe ...

Zuerst hörst du es verschwommen ...
allmählich aber wird es lauter ...

Nun lausche auf das Wort,
das in deinem ganzen Wesen ertönt ...
in deinem Herzen, deinem Kopf,
in deinen Gliedern, deinem Magen ...

Sprich das Wort nicht aus.
Lausche nur
und freue dich bei dem Gedanken,
daß es dich „ganz" macht,
während es in dir erklingt ...

Sieh nun, wie es die Grenzen deines Seins
    durchbricht
und in die Welt ringsum eindringt
– in Erde und Himmel ...
und das ganze Universum ...

Du bist die Mitte, von der aus es seine Wellen
    schlägt
bis zu den Grenzen der Erde ...

Sieh, wie jedes Geschöpf
im Rhythmus deines Herzens
und deines geheimen Wortes pocht ...

Pflanzen und Vögel und Steine
und Bäume und Sterne und Sonne
hallen von dem Wort wider ...
und werden in sich eins durch das Wort ...

Nun verschmilz dich mit dem Wort ...
werde eins mit ihm ...
und schreie es innerlich
mit aller Kraft hinaus ...

Die Liebkosung

Mach dir jede Empfindung
auf deiner Haut bewußt ...
angefangen vom Scheitel
bis hinunter zu den Zehenspitzen ...

Es macht nichts, wenn du in manchen Körperteilen
gar nichts spürst.
Wenn du nur versuchst, sie zu erspüren,
wirst du schon Gewinn von dieser Übung haben.

Nun denk darüber nach, daß jede Empfindung
eine biochemische Reaktion ist,
die nur durch Gottes Allmacht zustande kommt ...

Bedenke, daß du jedesmal Gottes Allmacht erfährst,
wenn du diese Empfindungen spürst ...

Bedenke, daß jede Empfindung eine Berührung
Gottes ist ...
rauh, zart, angenehm, schmerzhaft ...

Bedenke, daß diese Berührung Gottes
hell und heilsam ist ...

Der Ozean

Konzentriere dich auf deinen Atem ...
sei dir bewußt, daß du einatmest ...
und ausatmest ...

Jetzt achte auf die Luft,
die durch deine Nase streicht,
so, wie du Ebbe und Flut beobachten würdest ...

Wo fühlst du beim Einatmen die Luft
in deiner Nase?

Wo beim Ausatmen? ...

Fühlst du mehr Luft
durch deinen einen Nasenflügel einströmen
als durch den anderen?

Beobachte den Temperaturunterschied der Luft,
wenn sie ein- und ausgeht ...

Nun nimm deine Einbildungskraft zu Hilfe,
die dich in deinen tieferen, unterbewußteren
  Schichten berührt:

Stelle dir vor, die Luft, die du ausatmest,
sei ein verschmutzter Strom,
der deinen Unrat mit sich trägt ...
Denke nicht an irgendwelche bestimmten Sünden
– nur an deine Selbstsucht
und deine Furchtsamkeit im allgemeinen ...

Hole tief Luft, um dies desto besser
aus deinem Herzen ausstoßen zu können,
wenn du ausatmest ...

Denk dir, daß die Atmosphäre
von Gottes Gegenwart erfüllt ist.
Fülle deine Lungen
mit der lebensspendenden, stärkenden Gegenwart
  Gottes ...

Und während du das tust, denke dir,
daß dein ganzes Sein
stark und leuchtend wird ...

Der Gast

Schließ deine Augen.
Bedecke sie mit deinen Handflächen,
und halte dir gleichzeitig
mit den Daumen die Ohren zu.
Horche ein bis zwei Minuten auf deine Atemzüge ...

Nun nimm die Hände ruhig
von den noch immer geschlossenen Augen
und lege sie in den Schoß.
Horche auf alle Töne um dich her
– die lauten und die leisen – ...
die fernen und die nahen ...

Oft wirst du merken, wie das,
was zuerst nur ein einziger Ton zu sein scheint,
in Wirklichkeit ein Zusammenklang von vielen
    Tönen ist ...

Nun höre diese Töne nicht getrennt voneinander,
sondern wie sie alle zusammen
eine große Symphonie bilden,
die den Erdkreis erfüllt ...

Auf Töne zu lauschen
kann ebenso in die Stille führen
und ebenso fruchtbar für deine Gottsuche sein,
wie auf einen Fluß zu schauen.

Du kannst diese Übung nun ins Religiöse wenden
und dir vorstellen, daß du Gott deine Ohren leihst,
damit er, der keine Ohren hat,
der Harmonie lauschen kann,
die er in seiner Schöpfung erklingen läßt.

Verweile bei diesem Gedanken,
daß Gott mit deinen Ohren hört ...

Dann mach deine Augen auf
und ruhe in dem Gedanken,
daß Gott durch sie
auf die Schönheit seiner Schöpfung blickt ...

Die Hingabe

Zuerst versuche still zu werden.

Dafür mußt du zu dir zurückfinden.
Komm in die Gegenwart.
Frage dich: Wo bin ich gerade jetzt?
Was tue ich?
Was denke ich?
Was spüre ich in meinem Körper?
Wie atme ich?

Stille kann nicht erzwungen oder unmittelbar
    angestrebt werden.
Suche einfach innere Wachheit – dann wird die Stille
    sich einstellen.

Wenn du dich nun in dieser Stille zu Gott wenden
    willst,
denke dir, daß du dich bei jedem Ausatmen
auslieferst und hingibst ...
– daß jeder Atemzug deine Weise ist, zu Gott Ja zu
    sagen ...
Ja zu dem, was du heute bist,
– zu dem Menschen, als den Gott dich geschaffen hat,
zu dem Menschen, der du geworden bist ...
Ja zu deiner ganzen Vergangenheit ...
Ja zu dem, was die Zukunft dir bringen wird.

Laß jedesmal, wenn du ausatmest, alles fahren
in dem Wissen, daß alles gut wird ...
Laß alle Ängste beiseite
und laß den Frieden herrschen,
denn in seinen Händen, in seinem Willen
liegt unser Friede.

Das Licht

Geh noch einmal die Ereignisse des Tages durch,
angefangen vom Augenblick des Erwachens
bis zum jetzigen Augenblick ...

Fange mit dem ersten Geschehen an:
mit dem Aufwachen.
Schau es sozusagen von außen an,
wie ein neutraler Beobachter es tun würde ...

Beobachte
nicht gerade das äußere Moment des Aufwachens,
sondern deine inneren Reaktionen:
deine Gedanken ...
und Gefühle ...
deine Phantasien ...
und deine Stimmung ...

Dann gehe zum nächsten Geschehen über ...

Und so zu jedem Tagesabschnitt ...

Beurteile weder dich noch das Geschehen.
Sieh es dir nur an.

Kein Tadel, kein Lob.
Nur das Licht des Bewußtseins
kann alles, was schlecht ist, zerstreuen
und alles, was gut ist, zum Leben erwecken.

Und dein Leben wird hell
und durchsichtig.

Der Glanz

Schalte alle Lichter in deinem Zimmer aus
und zünde eine Kerze an.
Stelle sie ein paar Meter von dir entfernt hin.

Nun schau aufmerksam in die Flamme ...
Zuweilen tanzt sie,
und du beobachtest ihre leisesten Bewegungen ...
Zuweilen scheint sie regungslos und still ...
Du findest es vielleicht noch beruhigender,
die Augen zu schließen
und dir die Flamme vorzustellen ...

Wenn du in die Flamme schaust,
bedenke, was sie für dich versinnbildet ...
Sie kann Sinnbild für vieles sein ...

Laß alte Erinnerungen an Kerzenglanz
in dein Bewußtsein dringen ...

Dann halte Zwiesprache mit der Flamme
– über Leben und Tod, Leben und Tod der Flamme,
dein Leben und deinen Tod
oder über Leben und Tod im allgemeinen ...

Endlich schiebe alle Erinnerungen beiseite
und betrachte die Flamme ganz still ...
So kann sie dir eine Botschaft bringen,
eine Weisheit, die dem Zugriff deines Verstandes
    entgeht ...

Zum Schluß nimm Abschied von der Flamme,
indem du deine Hände faltest und dich über sie
    herabbeugst ...
Dann lösche sie behutsam aus
in dem dankbaren Bewußtsein,
daß sie etwas in deinem Herzen entzündet hat,
was du mit dir durch den Tag tragen wirst ...

Die Morgendämmerung

Lausche auf die Natur, die erwacht,
um den neugeborenen Tag zu begrüßen ...

Achte darauf, wie die Stille und der Gesang in der
    Natur ineinander übergehen:
wie mannigfaltig die Gesänge der Schöpfung sind,
wie tief ihr Schweigen.
Keiner der Laute in der Natur
stört das Ewige Schweigen,
welches das Universum einhüllt.
Und wirklich, wenn du auf diese Töne horchst,
vernimmst du die Stille.

Was für Gefühle mag die Schöpfung zum Ausdruck
    bringen,
wenn sie erwacht
und mit ihrer Geschäftigkeit
die Ruhe der Nacht ablöst?

Horche nun in dein eigenes Herz.
Auch da erklingt ein Gesang,
denn du bist ein Teil der Natur.
Wenn du diesen Gesang noch nie gehört hast,
dann hast du nicht aufmerksam genug gelauscht.

Horch! Wie klingt der Gesang?
Traurig ... fröhlich ...
zuversichtlich ... zärtlich ...?

Auch in deinem Herzen ist ein Schweigen.
Wenn dir jeder deiner Gedanken, Zerstreuungen,
Wunschbilder und Gefühle bewußt wird,
dann wirst du dieses Schweigen sicher erfahren ...

Nun sieh, wie das Lied in deinem Herzen
in das Lied der Natur einschwingt,
die dich rings umgibt ...

Horch.
Je aufmerksamer du bist,
desto stiller wirst du werden.
Je stiller du wirst,
desto aufmerksamer wirst du lauschen.

Das Fenster

Horch auf das Rauschen des Regens ...

Was für Gedankenverbindungen kommen dir dabei?
Was für Erinnerungen? ...

Beobachte, welche Wirkung der Regen auf die
   Bäume hat,
wenn sie den Himmelssegen aufsaugen ...

Beobachte seine Wirkung auf die Vögel ...

Sieh, wie die Erde das Wasser aufnimmt,
das Leben aus trockenem Staub hervorbringt ...

Schau auf die Blätter ...
die frischen jungen, die sich zum Leben entfalten ...
die älteren, die nun länger an den Bäumen bleiben,
weil es geregnet hat ...

Blick auf die Wolken ...
woher sie kommen ...
wohin sie gehen ...
Folge ihnen auf ihrer Reise
von ihrem Ursprung bis zu ihrem Ziel ...

Schau auf die Regentropfen,
die auf ausgedörrten Boden fallen ...
auf Bäume ...
und Dachgiebel ...
Sieh ihren ungeformten Zustand in den Wolken ...
wie sie dann Gestalt
und Eigenständigkeit annehmen ...
wie sie zu Boden fallen und sich verlieren ...

Schau auf die Regentropfen an deinem Fenster ...
einen Augenblick bleiben sie für sich allein stehen ...
dann bilden sie kleine Rinnsale ...
in denen die einzelnen aufgesaugt
und davongetragen werden ...

Sieh, wie dasselbe mit den Wolken geschieht,
und den Bäumen
und Blättern
und Vögeln
und Tieren
und Menschen
und mit dir selbst ...

Wir stehen einen Augenblick allein ...
nur um sogleich in den Strom des Lebens
    aufgesogen zu werden
und davon zu fließen ...

Die Vision

Setz dich an eine Uferböschung,
wirklich oder in deiner Fantasie,
und sieh das Wasser vorbeifließen ...
Wenn du einfach hinschauen kannst,
ohne nachzudenken,
wird der Fluß sprechen –
nicht zu deinem Verstand,
wohl aber zu deinem Herzen,
und in deinem Geist eine Stille schaffen
und eine Weisheit,
die dein Denkvermögen niemals erfassen kann.

Oder setz dich auf einen Bahnsteig
und sieh, wie die Menschen vorübereilen ...
Sie treten in dein Blickfeld
und verschwinden auf Nimmerwiedersehen ...

Oder beobachte die Blätter,
die von den Bäumen fallen,
und sieh, wie sie verwesen
und zum Staub zurückkehren ...

Zünde eine Lampe an und schau in die Flamme,
so wie du auf den Fluß geblickt hast ...
Oder zünde ein Weihrauchstäbchen an
und beobachte, wie der Rauch sich in der Luft
    verliert ...

Oder stell dich ans Fenster
und sieh auf den Regen ...
Beobachte die eigenartige Stimmung, die der Regen
    in dir hervorruft ...
Keine Überlegungen!
Sieh nur hin, beobachte, fühle ...

Du siehst einen Regentropfen für sich allein und
  einsam dastehen.
Dann wird er vorwärts geschleudert und
  weggerissen.

Schau einfach hin.
Dann wird die Schöpfung zu dir sprechen
von Leben und Tod ...
und Liebe ...
und von dir selbst ...
und von Gott ...

Leg dich zum Schluß flach auf den Rücken,
breite deine Arme aus
und stell dir vor, daß du losläßt
und vorangetragen wirst ...
wie die Regentropfen und die Blätter
und die Weihrauchwolke,
denn du bist wie sie
ein Teil des Universums.

Darum laß los ...
laß dich selbst ...
und fließe davon ...

Der Spiegel

Der chinesische Weise Laotse sagt:
„Wenn schlammiges Wasser still steht, wird es klar."

Wir machen jetzt eine Übung,
um das Wasser zum Stillstand zu bringen.
Dadurch wird sich hoffentlich der Unrat ablagern
und alles klar zu erkennen sein:

Mach dir bewußt,
an welcher Stelle deines Zimmers
du dich aufhältst ...
achte auf deinen Körper als ganzen ...
auf jedes einzelne Glied ...
und was jedes einzelne Glied verspürt ...

Werde dir aller Geräusche um dich her bewußt.
Weise alle auch noch so frommen Gedanken
und Überlegungen ab,
die mit diesen Geräuschen zusammenhängen,
denn sie wühlen das schlammige Wasser nur auf.

Nun beobachte deinen Atem:
den Luftstrom,
der da ein- und ausgeht ...

Setz dich an die Ufer jenes Stromes
und beobachte ihn ...
Gib auch auf die unendlich winzige Pause acht,
bevor die Luft einströmt ...
und den Bruchteil eines Augenblicks,
bevor die Luft ausströmt ...

Der Wächter

Schlammiges Wasser wird klar, wenn es still steht,
und spiegelt den Mond in der Nacht deutlich wider.

So bring deinen Geist zur Ruhe.
Halt den Denkprozeß an.
Gedanken können nicht
unmittelbar angehalten werden,
sondern nur, wenn man dem Geist etwas bietet,
auf das er sich konzentrieren kann.

Deshalb konzentriere dich auf deinen Atem.
Kontrolliere oder intensiviere ihn nicht.
Mach ihn dir nur bewußt ...
Mach dir bewußt, was für eine noch so leise
    Bewegung
er in deinem Körper auslöst ...
in deiner Lunge ...
in deinem Zwerchfell ...

Oder achte auf dein Einatmen ...
und Ausatmen ...
Wenn du deine Aufmerksamkeit schärfen willst,
kannst du dir innerlich sagen:
„Jetzt atme ich ein ...
jetzt atme ich aus ...“

Mach dir den Unterschied
zwischen Einatmen und Ausatmen klar:
wie lange das eine und das andere dauert ...
den Temperaturunterschied ...
ob der Luftstrom mild oder rauh ist ...

Stelle keine Überlegungen oder Betrachtungen an.
Sei nur wach und beobachte so,
wie du eine Flußströmung
oder die Meereswellen
oder den Flug eines Vogels am Himmel beobachtest.

Während du deinen Atem verfolgst,
wirst du merken,
daß keine zwei Atemzüge gleich sind,
ebensowenig wie zwei Sonnenuntergänge
oder zwei menschliche Gesichter.
Wenn du das nicht entdeckt hast,
so kommt das daher, weil dein Blick noch getrübt ist.
Wenn das schlammige Wasser sich setzt,
wird der Unterschied zwischen den Atemzügen
   offenbar.

Es kann ebenso spannend sein,
den Atem zu beobachten,
wie einen Fluß zu beobachten.

Es kann den Geist zur Ruhe bringen,
Weisheit schenken,
Schweigen hervorrufen
und ein Gespür für das Göttliche.
Schau nur hin.
Und das Wasser wird klar.
Und du wirst sehen ...

Die Heimkehr

Kehre zuerst zu dir zurück,
indem du dir gegenwärtig wirst.

Augustinus sagt,
wir müssen zu uns selbst zurückkehren,
damit unser Ich ein Sprungbrett zu Gott wird.

Darum komm heim.
Mach dir klar, wo du gerade jetzt bist ...
in welcher Haltung ...
was du denkst ...
fühlst ...
empfindest ...

Laß keinen einzigen Gedanken in dir hochkommen,
dessen du dir nicht bewußt bist ...

oder eine einzige Regung in deinem Herzen ...

Wieviele, wenn auch noch so subtile Gefühle
kannst du in diesem Augenblick unterscheiden,
wo du deinen Körper
vom Kopf bis zum Fuß wahrnimmst? ...

Nun achte auf die Töne rings um dich ...
und erkenne,
daß der Vorgang des Hörens weitergeht ...
daß das „Ich" hört ...

Mach es ebenso mit deinem Atmen
und deinem Empfinden ...

Irgendwelche tiefen Gedanken oder Gefühle sind
   dazu nicht notwendig.
Achte nur auf die Hörtätigkeit des Ich ...
oder auf den Gefühlsvorgang des Ich ...
oder auf die Atemtätigkeit des Ich ...
Dann wirst du zu dir heimkommen,
und das Ich wird still werden
und Gott nicht fern sein.

Die Ankunft

Fang mit deinem Scheitel an
und geh abwärts,
bis du bei den Zehenspitzen anlangst.
Achte dabei auf alles,
was du auf deiner Hautfläche verspürst.

Bleibe nur ein paar Sekunden, nicht länger,
bei jedem Teil:
Kopfhaut, Stirn, Augenbrauen, Augenlider,
Wangen, Nase, Lippen, Kinn, Ohren, Hals usw. ...

Wenn irgendein Teil unempfindlich zu sein scheint,
kannst du ein wenig länger bei ihm verweilen,
aber nicht mehr als eine halbe Minute,
danach geh weiter,
ob etwas zu spüren war oder nicht.

Wenn je der Tag kommen sollte,
an dem du auf jedem Teil deiner Hautfläche
etwas zu spüren vermagst,
dann schärfe deine Wahrnehmungskraft noch mehr:
suche feinste Empfindungen auf,
von denen du wahrscheinlich manche gar nicht mehr
    benennen kannst.

Dann geh unter deine Haut
und achte auf Empfindungen
dort innerhalb deines Körpers.

Wenn du auch das erreicht hast,
wiederhole die Übung
vom Kopf bis zum Fuß hinunter
– nur tu es jetzt schnell.

Dann fahre wieder hinauf, vom Zeh bis zum Kopf,
so daß die ganze Ab- und Aufwärtsbewegung
zusammengenommen keine volle Minute
   beansprucht.

Wenn du das ein paar Mal getan hast,
bleibe bei der bewußten Wahrnehmung deines
   Körpers als eines Ganzen,
(kein Bewußtsein von verschiedenen und getrennten
   Teilen),
von Millionen von Empfindungen belebt.

Verweile lange, lange in dieser Wahrnehmung …

Das Ich

Lausche auf die Töne in der Natur ...
um desto besser die Stimmung der Natur
zu erspüren ...

Geh auf ihre Stimmung ein ...
Schwinge harmonisch in sie ein ...
denn sie ist die Ausweitung deiner selbst,
– dein größerer Leib.

Dies ist ein geheimer Pfad,
den die Mystiker geliebt haben,
um zum Verlust ihrer selbst zu gelangen.
So lausche ...
und laß dich gleichstimmen ...

Komm noch näher heim zu dir:
Nimm deinen Körper wahr ...
und all seine Empfindungen ...

Dann nimm deinen Atem wahr ...
die Luft, die durch deine Nasenflügel streicht ...
die Bewegung deiner Lunge und deines Zwerchfells ...

Werde dir der Außentemperatur bewußt,
wenn sie deine Hautfläche streift.
Ist sie heiß oder kalt ...
feucht oder trocken ...?

Nun bedenke, daß du nicht nur durch deine Nase,
sondern durch alle Poren deines Körpers atmest ...
Preise jede Pore hunderttausendmal
und stelle dir ihr Zusammenspiel
mit der Atmosphäre vor ...

Stell dir vor, wie die Luft in dich einströmt
und deinen ganzen Körper durchdringt ...
während du keinen Widerstand leistest ...

Wenn du so deine Hautfläche betrachtest,
die hunderttausendmal gepriesene
– die Moleküle der Haut im Zusammenspiel
mit den Molekülen der Luft,
dann stelle dir die Frage:
„Bin ich die Moleküle? ...
Bin ich die Luft?
Bin ich beides? ...
Wer bin ICH? ...
Wer IST ich? ...
WAS ist Ich?" ...

Stell dir immer wieder diese Frage
im Hinblick auf diese ineinanderwirkenden Moleküle
und der Stimmung in der Natur, die dich umgibt ...

Die Befreiung

Mach dir deinen Körper als ein Ganzes bewußt ...
achte auf die Empfindungen,
die du in seinen einzelnen Teilen verspürst ...

Nun richte deine Aufmerksamkeit
auf den, der deinen Körper und seine Empfindungen
beobachtet hat.

Mach dir klar, daß der Beobachter, das „Ich",
nicht dasselbe ist
wie die beobachteten Empfindungen.

Du kannst dir ausdrücklich sagen:
„Ich bin nicht diese Empfindungen ...
ich bin nicht mein Körper ..."

Nun achte auf deinen Atem ...

Dann richte deine Aufmerksamkeit auf den,
der den Atem beobachtet hat.

Mach dir klar, daß der Beobachter, das „Ich",
von dem beobachteten Atem verschieden ist.

Du kannst dir ausdrücklich sagen:
„Ich bin nicht der Atem."

Mach dir jeden Gedanken bewußt,
den du denkst ...
Es kann leicht vorkommen,
daß bald alle Gedanken fort sind,
und daß dir nur noch der eine Gedanke bewußt ist:
„Ausgerechnet-jetzt-habe-ich-keine-Gedanken-im-
    Kopf."

Nun achte auf den, der diese Gedanken beobachtet –
oder auf den, der sie denkt ...

Mach dir klar, daß der Beobachter, das „Ich",
von den Gedanken selbst unterschieden ist.

Du kannst dir ausdrücklich sagen:
„Meine Gedanken sind nicht ich ...
Ich bin nicht mein Denken ..."

Nimm wahr, was du in diesem Augenblick fühlst,
– oder erinnere dich
an irgendein Gefühl von früher –
besonders an ein Unlustgefühl
wie Angst, Furcht, Verletztsein,
Mutlosigkeit, Schuld ...

Richte deine Aufmerksamkeit auf den,
der das Gefühl beobachtet
oder sich daran erinnert hat ...

Mach dir klar, daß der Beobachter, das „Ich",
etwas anderes ist
als das beobachtete Gefühl.

Du kannst dir ausdrücklich sagen:
„Ich bin nicht das Gefühl."

Anthony de Mello

Warum der Vogel singt

Geschichten für das richtige Leben

„Anthony de Mello erzählt hintergründige und zugleich humorvolle Geschichten über das Göttliche. Solche ‚Anleitungen' zum sinnvollen Leben sind für Menschen aller Überzeugungen bestimmt. Nur wer sich wirklich auf diese Erzählungen einläßt, bei dem werden sie etwas wachrufen, was weit über alle Rationalität hinausgeht. Ein geistiger Reifungsprozeß setzt ein und gibt zu spüren, daß man ein anderer wird. Genau dies ist die ausdrückliche Intention des Autors. Die dargebotenen Parabeln und Gleichnisse sind auch christlichen, chassidischen, chinesischen, russischen, buddhistischen und hinduistischen Bereichen ausgewählt. Ihre gemeinsame Botschaft: alle Verwandlung findet im Herzen statt" (Deutsche Tagespost).

„Diese Parabeln und Gleichnisse sind für Menschen aller Überzeugungen bestimmt, sofern sie nur bereit sind, auf Fingerzeige zu hören und die Pointen der Geschichten in ihrem eigenen Leben zu suchen und zu finden. Nur wer sich auf die Geschichten wirklich einläßt, der wird ein anderer, in dem bewirken die Gleichnisse einen geistigen Reifungsprozeß. Und ‚sie werden im Herzen etwas wachrufen, was alles Wissen übersteigt' " (Würzburger Diözesanblatt).

2. Auflage. 120 Seiten mit 15 Zeichnungen, Paperback.
ISBN 3-451-20046-5

Verlag Herder Freiburg · Basel · Wien

Henry J. M. Nouwen

Der dreifache Weg

In seinem neuen Buch sagt der weltbekannte geistliche Schriftsteller, was für ihn Christsein bedeutet und wie er selbst den Weg des geistlichen Lebens geht. Für ihn sind es drei Schritte, die den Weg zu Gott markieren: 1. Der Aufbruch zu uns selbst; 2. Der Aufbruch zum Mitmenschen; 3. Der Aufbruch zu Gott. Mit ungewöhnlicher Tiefe und Feinfühligkeit beschreibt Nouwen auch die Spannungen und Konfliktfelder auf diesem Weg. Er gibt dem Hin und Her eine Richtung und zeigt den ‚roten Faden', an dem der Suchende sich orientieren kann.

„Hier verdichten sich pädagogische, psychologische und theologische Einsichten zu einer neuen Schau der Praxis menschlichen Für- und Miteinanders. Dieses Buch wird von sich reden machen" (Heinrich Spaemann in: Bücher der Gegenwart).

2. Auflage. 160 Seiten, Paperback. ISBN 3-451-20019-8

Verlag Herder Freiburg · Basel · Wien